건강 백세 살기

건강 백세 살기 – 박원근 목사의 건강 백서 1

2022년 11월 30일 처음 펴냄

지은이 | 박원근
펴낸이 | 김영호
펴낸곳 | 도서출판 동연
등　록 | 제1-1383호(1992. 6. 12.)
주　소 | 서울시 마포구 월드컵로 163-3
전　화 | 02-335-2630
전　송 | 02-335-2640
이메일 | yh4321@gmail.com
인스타그램 | dongyeon_press

ISBN 978-89-6447-838-7 03040

박원근 목사의 건강 백서 1

건강 백세 살기

박원근 지음

동연

생명, 평화, 행복이
함께하는 삶

귀농 5년 차 2015년 4월 8일, 드디어 전북 김제시 용지면 반교리 27번지에(임상마을) 맞춤형 마이 홈의 꿈을 이루기 위해 첫 삽을 들어 올렸다.

건축 중, 딸 희정이가 불현듯 찾아왔다. 너무너무 반가웠다. 궁금했나 보다.

그해 9월 15일 완공된 마이 홈을 '디아코니아 하우스'라고 부르기로 했다.

입주 축하 예배를 드리고, 옥상에서 기념 촬영했다. 선후배 목사님들 모습이 정겹다.

🌿 우리 집 거실 주방이다. 2016년 7월 17일, 아들 희진이 가족이 중국 파견 근무 중 귀국 방문해 41번째 생일을 축하하며, 행복한 한때를 보내고 있다.

🌿 우리 형제자매 부부들, 외가 조카 부부, 일부지만 손주들까지 가득 모였다. 축하연 회를 마치고… 헤어지기가 아쉽다.

동생 원금이 가족이 찾아와 초여름 농촌, 흙이 베푸는 풍요로움에 흠뻑 빠져있다. 진우의 얼굴이 더욱 반갑다.

한신 29회 동기생들 부부가 찾아와 1박 2일의 진기한 역사를 만들며, 각기 다른 미래를 꿈꾸고 있다.

하루 늦게 도착한 재일이 부부와 함께하고 푼 정소 부부, 거기에 우리 부부까지 더하니 우리들의 조우가 더욱 정겹고 아름답다. 벗이여! 영원하여라.

해마다 6월이 오면, 잠원교회 식구들이 찾아온다. 반갑고 즐겁다. 감자도 캐고, 갖은 채소를 함께 나눈다. 처음 익은 방울토마토는 언제나 예쁘고 귀여운 연서의 몫이다.

꼭 매화꽃이 예쁘게 피었다. 아내가 이렇게 살고 싶었으리라. 세월 따라 열매로 익어
가는 매화꽃같이 말이다.

꼭 한두 뿌리만 캐어도 노래와 춤이
나와, 흥겹고 족하다는 심신산천
의 백도라지가 우리 농장에 이렇
게 피어 그의 자태와 기개를 마음
껏 뽐내고 있다.

꼭 아내가 채송화의 아름다움과 그의 향긋함
에 취해 있네요. 그래서 농촌이 좋대요.

〰 우리 부부가 땀 흘러 일구어낸 농장이다. 우리의 수고에 비해 30배, 60배, 100배나 넘치는 생명, 평화, 행복을 하나님에게서 받고 산답니다. 더 이상 바랄 것이 없다.

〰 우리는 안토시아닌이 풍부한 자색 양파를 좋아한다.

⚜ 우리 농장에서 손수 캐낸 자색 고구마이다. 단 한 포기에서 캔 양이 8kg이나 된다.
경선, 찬훤, 병환 목사님 부부가 고구마를 캐고 있다. 너무나 놀랍고 신기해서 저울
위에 올려놓으니, 눈금이 11kg을 가리킨다. 찬훤이가 캔 것인데, 한 포기에서 나온
것들이다. '기네스북'에 올려야지 않을까?

⚜ 초가을, 아내와 함께 땅콩을 타작 중이다. 일이 아니라 놀이이다. 신명이 난다.

⚜ 드디어 지긋지긋하게 나를 괴롭혀 온 '배꼽썩이병'을 정복하고, 곱고 아름다운 최상의 슈퍼푸드, 토마토를 수확하게 되었다.

⚜ 당뇨병에 좋고, 항산화제의 보고인, 꾸지뽕 열매가 아름다운 자태를 뽐내며, 익어가고 있다.

⚓ 우리 가족과 절친들, 열 가정의 겨울 김장용 배추가 탐스럽고 싱그럽게 자라고 있
다. 한 겨우내, 다음 해 봄까지 노지에서 병충해와 혹한을 이겨내고, 네 가정의 심혈
관을 튼튼하게 지켜줄 비트가 강한 생명력을 과시하고 있다.

⚓ 윤재경 목사님과 사모님, 참 좋고 정겹고 아름다운 부부이다. 우리와 한 가족이 되
어 살려고 이렇게도 가까이에, 겉과는 다르게 편백나무와 황토로 내부를 장식한 친
환경 집을 짓고, 이사를 하셨다.

차 례

제1장
뇌(정신과 마음)를 건강하게
— 스트레스 해소법

제2장
면역력 강화 — 노화야 멈춰라

제3장
적당한 운동과 다이어트

마치면서

사람이 병들지 않고 건강하게 천수(天壽)를 누리려면 자연의 이치에 거스르지 않고 순리대로 살면 됩니다. 우주 자연의 이치에 합당하게 사는 사람은 병들지 않는다는 게 한의학의 대원칙입니다. 이를 양생(養生)이라고 합니다.

양생은 좋은 습관을 길러 건강하게 살아가는 것입니다. 좋은 습관에는 좋은 음식을 적당히 먹는 음식 습관, 규칙적인 운동과 휴식, 수면과 같은 생활 습관, 건전한 생각과 긍정적인 감정, 스트레스 관리 등에 해당하는 생각 습관 등이 있습니다. 좋은 습관으로 건강하게 오래 살 수 있다는 사실을 모르는 사람은 없을 것입니다.

그런데도 점점 더 많은 이들이 진료실을 찾는 까닭은 그동안 젖어 있던 습관을 고치기 쉽지 않기 때문입니다. 문제는 좋은 습관을 꾸준히 유지하는 것입니다. 그래서 저는 일단 숫자 백을 채우라고 말씀드립니다.

금연, 금주, 살 빼기(다이어트), 변비, 만성 위염과 같은 만성 내장병, 두통 불면 어지럼과 같은 신경 관련 질환 등 이런저런 이유로 진료실을 찾는 분들에게 좋은 습관—주로 음식과 운동—으로 백일만 유지해보자고 권해드립니다.

백이라는 숫자는 완전함, 성공 등을 의미합니다. 이 책의 제목에

'백세'는 그보다 더 혹은 덜 살 수도 있겠지만 '백'세까지 건강하게 살자는, 그럴 수 있다는 목표를 권유하는 것이고, 선언하는 것입니다. 그것이 완전하고 성공적인 삶이라는 것입니다. 자기 장기(臟器)를 내어줌으로 예수의 사랑을 스스로 실천하셨던 저자 박원근 목사님은 목회 현장을 은퇴하신 이후 10여 년 동안 농사꾼으로 새롭게 태어나는 모습을 보여주셨습니다.

목사님은 건강한 먹거리를 위한 3無농법(농약 화학비료 제초제를 쓰지 않는 환경 농법)을 실천하며 과체중 고혈압 만성 호흡기 문제들을 스스로 극복하고 건강한 몸으로 바꿔내셨습니다. 건강한 땅(자연)과 건강한 먹거리, 그리고 건강한 몸을 실현해내신 것입니다.

이 책은 목사님이 건강한 몸으로 바뀌게 된 자신의 체험과 많은 참고문헌을 바탕으로 백 세까지 건강하게 잘 살 방법을 세심하게 정리 해놓은 건강 안내서입니다. 소개되는 음식으로 식단을 바꾸시고 운동과 양생법을 따라 하시면 어느새 건강해지고 있는 변화된 자신을 발견할 수 있을 것입니다.

"누가 무슨 일을 하든 건강한 몸을 만드는 일이 중요하다"는 신념의 결실에 저자께 존경과 박수를 보냅니다.

2022년 10월
한의사 오춘상

21세기에 접어들면서 이미 인류에게 100세 시대가 도래했다. '어떻게 건강하게 살 것이냐?'가 과제다. 인간의 영원한 꿈, 오래 살고 싶은 간절한 희망이 일구어낸 쾌거라 하겠다. 좀 더 정확히 말한다면 그냥 아무렇게나 오래만 사는 것이 아니다. 건강하게 오래 살고 싶은 욕망, 온갖 병마에 시달리면서 힘겹게 목숨을 유지해 가는 구차한 삶이 아니라 생을 마감하는 그 순간까지 건강한 삶의 질을 유지하고 싶은 소망, 그 꿈을 이루어가는 것이 우리 모두의 바람인 것이다.

유엔의 「2012 세계인구 전망 보고서」에 의하면 현재까지 수십 년째 일본이 장수 국가 1위를 차지하고 있지만, 2045~2050년에는 홍콩이 일본을 제치고 1위가 될 것이며, 한국인의 기대 수명은 88.4세까지 늘어나 홍콩에 이어 2위가 될 것이라 한다. 2095~2100에 이르면 한국인의 평균 기대 수명은 95.5세로 홍콩과 일본을 제치고, 세계 최장수국에 등극한다는 게 유엔의 전망이다. 우리나라가 세계에서 최장수 국가가 된다는 것, 그것은 자랑스러운 일만은 아닌 듯싶다. 생산은 위축되고, 사회적 비용만 늘어 인기 없는 나라를 만들 수도 있기 때문이다. 이러한 어려움을 불식시키는 길은 건강하게 일하면서, 오래 사는 것이다.

건강이란 무엇인가? 세계보건기구(WHO)는 "건강이란 질병이 없거나 허약하지 않은 것만을 말하는 것이 아니다. 신체적, 정신적, 사회적으로 완전히 안녕한 상태에 놓여 있는 것"이라고 정의하고 있다. 실제로 지금 당장 병이 없다고 해도 대인 관계나 업무 스트레스와 같은 사회적 문제와 우울증이나 불안 같은 정신적 문제가 누적되면 신체적으로 심각한 질병을 초래할 수 있다. 마찬가지로 신체적으로 질병을 앓고 있으면 정신적인 피로가 쉽게 쌓이고, 사회적인 기대에 부응하기도 어려워진다. 다시 말해 신체적, 정신적, 사회적 평안의 상태는 서로에게 영향을 미치는 중요한 요소인 셈이다.

따라서 진정으로 건강해지기를 원한다면, 올바른 영양 섭취와 적당한 운동, 충분한 수분 섭취 등을 통해 건강하게 만드는 것과 동시에 열린 마음과 긍정적 사고, 정신적 마음의 평안과 타인에 대한 친절과 배려, 영적인 믿음 등과 같은 정신적, 사회적 건강의 요소들도 함께 배양해 나가야 한다. 그런 요소들이 복합적으로 어우러질 때, 100세까지 행복한 삶을 누리고 평안한 죽음을 맞이할 수 있게 될 것이다.

필자가 건강에 대한 적극적인 관심을 두게 된 것은 2012년 은퇴하면서부터였다. 당시 나는 66세로 면역력이 많이 떨어져 있었다. 환절기에는 알레르기 증상이 자주 나타났다. 감기를 달고 살았고, 치아는 임플란트를 15개나 해야 할 정도로 치주염이 떠나지 않았다. 또 하지정맥류가 생겨 치료받아야 할 상태였고, 하체에 쥐가 자주 나서 장거리 운전이 힘들었다. 위와 신장은 비교적 건강한 편이었으나, 상대적으로 폐와 심장이 약했다. 심하지는 않지만 고혈압 약을 먹고 있었다. 이미 10년 전 왼쪽 신장을 이식해준 터라서 신장까지 신경을 써야 하는 상태였다.

내가 5년이나 일찍 은퇴하게 된 것은 제2 인생의 꿈이 있었기 때문이다. 목사가 된 것은 어려운 한국 농촌에 도움을 주는 삶을 살기 위해서였다. 덴마크 그룬트비 목사가 가슴에 불을 지펴주었다. 그런 내가 목사가 된 후, 50년 가까이 서울에서만 살았다. 100세를 산다면 앞으로도 34년을 더 살아야 한다는 생각이 들었다. 이 나이에 '한국 농촌을 위해 무엇을 할 수 있겠는가?'만은 농민이라도 되어 힘겹게 살아가는 분들과 고락을 함께하고 싶은 생각이 간절했다.

농민으로 살겠다고 생각하니 과제가 많았다. 41년을 목사로 대도시에서만 살아온 몸으로 어떻게 농사를 지을 수가 있겠는가? 무엇보다도 몸을 만드는 일이 급선무라 생각했다. 어떻게 농사를 지을 수 있는 건강하고 튼튼한 근성 있는 농민의 몸을 만들 수 있을까?

서점에 들렀다. 건강에 관계된 책들이 수도 없이 많았다. 몇 권의 책을 읽으면서 '내가 먹는 음식이 내 몸을 만든다'는 사실을 알게 되었다. 병에 걸리지 않는 건강한 몸을 만들려면 매일의 먹는 음식이 중요하다는 사실을 깨닫게 된 것이다. 음식이 면역력을 강화하고, 병들게 하고, 노화를 촉진하는 활성 산소를 제거하는 데 큰 도움이 된다는 것을 알게 되었다. 그리고 근력운동을 시작했다.

때마침 아내가 팔을 쓰기가 부자유하다는 말을 했다. 아내는 목사 사모로 아이 둘을 낳아 기르고, 36년 4개월을 직장에서 일했다. 그때 나는 힘든 결단을 내려야만 했다. "앞으로 우리 집 아침, 점심 식사 준비를 내가 책임지겠소. 당신은 저녁 식사만 준비하면 되오." 그것은 단지 아내만을 위해서가 아니었다. 실은 나 자신의 건강을 위해서 내린 결단이었다. 그때 나는 혁명적인 의식 전환의 발상을 했고, 10년이 지난 지금까지 성실하게 실천에 옮기고 있다.

나는 오랫동안 아내가 해주는 매일 하루 세끼, 거의 똑같은 식단에 문제를 제기해온 터였다. 매일 세끼 탄수화물 중심의 밥을 먹는 것이 건강에 좋지 않다는 것을 알게 되었다. 건강 서적, 건강 교육 프로그램, 잡지, 수도 없이 쏟아져 나오는 인터넷 건강 사이트 등, 건강 정보를 통해 소개되는 슈퍼푸드와 식품들이 식탁에 오를 수 없는 전통적인 한국인의 식사 패턴을 바꿔야 한다고 생각하게 된 것이다. 오래전부터 인류에게 토마토, 사과, 감, 올리브, 양파가 슈퍼푸드로 널리 알려져 왔고 점차 견과류와 등 푸른 생선, 십자화과 채소가 건강식품으로 부각된다는 것을 알게 되었다. 우리 집 식단에 큰 변화가 필요하다고 생각했다.

우리 가정에도 결정적일 때가 찾아온 것이다. 나는 2012년 1월부터 아침, 점심 식사 당번이 되기로 했다. 아침 식사의 주제를 "면역력 강화와 노화 방지를 위한 슈퍼푸드 BEST 20"으로 정했다. 점심 식사는 계절 음식으로 감자와 고구마, 옥수수, 현미 찹쌀 쑥떡과 유기농 달걀을 주 식품으로 설정했다. 저녁은 단백질 중심의 한식을 아내가 준비했다.

실천하면 변화가 일어난다. 4개월 후부터 내 몸에 놀라운 변화가 감지되었다. 그해 종합 검진 결과 건강 지수가 크게 개선되면서 알레르기, 감기, 치주염이 내 몸에서 서서히 사라져갔고, 3년 후에는 50년이 넘도록 나를 괴롭혀온 무좀이 자취를 감췄다. 하지정맥류도 많이 개선되었고, 농사를 시작한 1년 후부터는 같은 또래 농민들보다도 더 건강한 튼튼한 몸을 유지할 수 있었다.

은퇴한 이후 나의 관심사는 자연스럽게 신학에서 건강학으로 옮겨져 갔다. 대학에서 건강학을 전공한 것은 아니지만 이 분야에 관해서 읽은 책만도 200여 권에 이른다. 나는 건강학 전문가는 아니다. 그러나 은퇴 후 10년을 독학해서 건강학 공부를 해온 셈이다. 이젠 웬만한 건강학 전문 서적도 어렵지 않게 느껴질 정도로 친숙해졌다.

내가 이 책을 쓰게 된 동기는 누가 무슨 일을 하든 건강한 몸을 만드는 일이 가장 중요하다는 신념 때문이다. 그리고 내가 터득한 건강 비결을 많은 분과 함께 공유하고 싶어서다. 10년 전 필자 아내의 심혈관 나이는 84세였다. 그런데 10년을 더 살았는데, 현재 64세로 개선되었다. 참으로 놀랍지 않은가? 나는 61세다.

건강한 몸을 만들려면 마음의 평안과 적당한 운동, 특히 좋은 음식의 선택이 중요하다. 대한자연치료의학회 서재걸 회장은 『사람의 몸에는 100명의 의사가 있다』는 책에서 "서양 의학과 현대 의료 체계의 맹신에서 벗어나 올바른 영양 공급으로 자기 몸을 스스로 치료하는 능력을 갖추는 것이 건강의 근본적인 해법이다"라고 말한다. 여기에 동의하면서 병에 걸리지 않고 100세까지 건강하게 살 수 있는 최상의 비결이 몸에 좋은 음식의 섭생에 있음을 말하고 싶었다.

이 책을 쓰는 동안에 필자는 음식보다 더 좋은 약은 없으며, 음식으로 질병을 예방할 수 있을 뿐만 아니라, 망가진 건강을 회복할 수도 있다는 신념을 갖게 되었다.

이 책에 해당하는 시리즈 제1권에서는 '건강 백세 살기'라는 제목으로 뇌와 마음의 건강, 면역력 강화와 노화 방지, 적당한 운동에 관해서. 제2권에서는 몸의 각 기관의 건강을 지켜주는 음식, 질병을 예방하고 퇴치하는 데 도움을 주는 음식에 관해서 쓰려고 한다.

제1권인 이 책의 내용을 소개하면 다음과 같다.

1장_ 뇌를 건강하게 ― 스트레스 해소법인 'I. 뇌 건강에 좋은 음식'에서는 정신(마음) 건강에 탁월한 음식과 불안한 마음을 달래주는 음식, 뇌와 피부 등, 몸의 노화를 예방하고, 늦춰주고, 지켜주는 데 탁월한 효능을 지닌 음식들을 소개했다. 기억력 인지 능력을 개선해 우울증과 치매, 알츠하이머, 뇌졸중을 예방하는 음식들을 취급했다.

'II. 스트레스가 만병의 원인'에서는 만병의 원인이 되는 스트레스 해소에 도움을 주고자 노력했다. 먼저 스트레스 해소에 도움을 주는 채소와 과일 등의 음식에 관해서, 다음에는 스트레스 해소를 위해 피해야 하는 식품들을 소개했다. 혈압을 낮추고 마음을 평안하게 해주는 음식들, 암과 스트레스를 줄이고 건강하게 해주는 효능을 가진 차를 언급했다. '몸과 마음(정신)의 긴장을 해소하면 건강이 보인다, 근육이 풀려야 마음도 풀린다'는 주제로 몸의 이완 요법을 소개했다.

2장_ 면역력 강화 ― '노화야 멈춰라'에서는 노화와 면역력을 주제로 다루었다.

전반부에서는 면역력을 높이는 음식을 살펴보았다. 비타민C의 효능. 내 몸의 철갑, 면역력을 높여 주는 음식 여덟 가지. 갑자기 추워진 환절기 면역력 증진을 위한 슈퍼푸드 일곱 가지. 면역력을 높이는 식재료, 몸의 온도 1도를 높여라. 암세포 출몰해도 OK. 면역력을 높이는 백신푸드 열 가지를 소개했다.

내 몸의 방어시스템, 병을 치료하고 건강을 지켜주는 의사인 면역력이 답이다. 어떤 생활 습관이 필요한가? 2중, 3중 그물망을 쳐서 빠짐없이 치밀하게 살피려 노력했다.

후반부에서는 '노화야! 멈춰라'는 주제로 노화를 지연시키는 음식과 생활 습관을 소개했다. 데이비드 싱클레어는 "노화는 늦추고, 멈추고, 심지어 되돌릴 수 있다"고 말한다. 건강 관리만 잘하면 누구나 장수할 수 있는 100세 시대가 도래한 것이다. 문제는 건강하게 사는 것이 과제다. 어떻게 건강하게 살 수 있을까? "생활 습관만 바로 잡아도 만성 질환인 고혈압, 당뇨병, 심혈관 질환, 암에서 벗어날 수 있다"고 한다.

여기에서는 노화 예방에 좋은 음식에 관해 말하려고 한다. 세월은 가도 노화를 막아주는 음식 여섯 가지와 청춘 오래오래, 노화 막아주는 음식 아홉 가지. 비타민 네 형제를 반드시 함께 섭취하라. 노화에 대한 고민, 스마트 식단으로 해결하라. 항암, 만병의 근원 활성 산소를 줄여주는 일곱 가지 식품. 치매, 피부, 근육 손실 예방에 좋은 음식. 젊음을 유지하고 장수하는 열여덟 가지 비결. 세계 장수 마을에서 찾은 열 가지 장수 비결. 세계 5대 장수 마을은 뭘, 어떻게 먹고 있나. 장수하는 식습관, 이렇게 하세요. 논문 150편을 분석해보니, 장수

습관은 네 가지로 요약된다. 등에 관해서 말하려 한다.

3장_ 적당한 운동과 다이어트

건강하게 장수하기 위해서 운동은 필수적이다. 유산소운동과 근력운동을 생활 습관화해야 한다. 전반부에서는 꼭 실천해야 할 건강습관 다섯 가지, 운동이 주는 강력한 효과 네 가지, 뇌를 키우고 마음을 건강하게 하는 운동법, 운동은 인체의 튜닝, 늙지 않는 비결 일곱 가지, 혈관 청소부, HDL 콜레스테롤 높이려면 운동이 답이다.

유산소운동 — 노년의 건강을 위해 걷기를 반려자처럼, 속도보다 요령이 중요하다. 50대에 하는 운동은 생명을 위협하는 만성 질환을 피할 수 있는 마법이다. 나이가 들어서도 달려라, 젊음이 찾아온다. 요가, 유산소운동 못지않게 심장에 좋다. 운동하면 노인도 뇌혈관이 젊은이처럼 튼튼해진다.

근력운동 — 뛰지만 말고, 근력운동 해야 하는 까닭. 할머니도 아령운동이 꼭 필요한 이유. 감기야 가라, 하체·복근을 키워 면역력을 강화하라. 운동에 좋은 음식. 운동 중에나, 직후에 먹으면 좋은 최고 음식. 스포츠 시즌, 운동할 때 좋은 음식 다섯 가지.

후반부에서는 다이어트에 관해 취급했다. 만병의 원인인 복부비만. "과식하도록 내버려 두어라, 무덤이 그를 향해 세 배나 큰 입을 벌릴 것이다"는 유명한 셰익스피어의 글로 시작했다. 비만 환자는 항상 질병을 달고 산다. 다이어트에 포만감 높은 음식 여덟 가지. 살빼기 좋은 음식 열 가지. 체내에 쌓인 지방을 녹이는 음식 세 가지. 지방을 태우는 음식 열두 가지. 체중 감량 도와주는 음식 열 가지를 소개했다.

이 책은 "병 안 걸리고 장수하는 법이 있다"는 글로 끝을 맺게 된다. 대부분 병은 유전적 요인보다 습관에 기인한다. 자식이 부모와 같은 병에 걸리는 것은 유전이라기보다는 질병의 원인인 생활 습관을 이어받은 결과가 훨씬 더 많다. 우리가 식습관과 생활 습관만 바꿔도 많은 병에서 자유 할 수 있다.

신야 히로미 교수는 "우리 몸을 건강하게도 하고 병들게도 하는 결정적인 역할인 체내효소를 풍족하게 만드는 생활 습관을 지니면 병에 걸리지 않고 오래 살 수 있다"고 말한다.

제 1 장

뇌(정신과 마음)를 건강하게

― 스트레스 해소법

뇌 건강에서 정신과 마음을 함께 취급하는 것은 그것을 분리할 수 없기 때문이다. 많은 연구가 마음과 정신을 동일시하고 있다. 인간의 정신세계는 내면의 공간으로 거기에서 희망과 절망, 기쁨과 슬픔, 환희와 분노 등 지극히 개인적이고 사사로운 일들이 수시로 교차하고 있다. 정신세계는 '제2의 사고'라 부를 만큼 우리에게 친숙한 영역이지만, 막상 그것을 설명하라고 하면 사람들은 갑자기 꿀 먹은 벙어리가 되고 만다. 우주의 가장 큰 비밀을 간파하는 데는 텔레파시나 초인적 능력이 필요하지 않다. 그저 개방적이고 단호하면서도 호기심으로 가득 찬 마음만 있으면 된다.

미치오 카쿠(Michio kaku)는 그의 저서 『마음의 미래』(The Future of the Mind)에서 책을 쓰는 내내 "인간의 마음(정신)은 이 우주에서 가장 위대하고 가장 신비한 힘이라는 생각이 머릿속에서 계속 맴돌았다"고 말함으로써 마음과 정신을 동일시한다. 필자가 건강하게 오래 사는 법을 정신(마음)에서부터 시작하고, 여기에 큰 비중을 두는 것은 건강하게 사는 것도, 장수하는 것도 마음먹기에 달려 있으며 정신(마음)이 몸을 지배하기 때문이다. 먼저 두뇌 건강에 좋은 음식을 다루고, 다음에 스트레스 해소에 좋은 음식을 취급하려고 한다.

I. 뇌(정신과 마음) 건강에 좋은 음식

미치오 카쿠는 "과거에는 과학적으로 접근할 엄두조차 내지 못하던 인간의 정신세계가 지금은 신경과학의 주된 연구 분야로 떠올랐다"고 말하면서, "최근 들어 우리는 인간의 정신세계에 관하여 매우 많은 사실을 알게 되었는데, 새로운 지식의 원천은 철학이나 심리학, 또는 정신분석학이 아니라 두뇌 생물학이다"라고 말한다. 그렇다면 정신(마음)이 건강의 중심이며, 인간이 섭취하는 음식에 의해 건강 상태가 지대한 영향을 받고 있지 않겠는가? 여기에서는 두뇌와 관련된 정신(마음), 우울증, 치매, 뇌졸중에 좋은 음식을 다루려고 한다.

1. 두뇌 건강에 좋은 음식

사람이 건강을 지키고 장수하는 데는 육체보다 정신(마음)이 더 큰 영향을 미친다고 한다. 과일이나 채소를 규칙적으로 섭취하면 육체 건강을 유지할 수 있을 뿐만 아니라, 정신 건강에도 이롭다는 연구 결과가 발표되었다. 영국 워릭대학교 연구팀은 '영국 국민 건강 조사'(The Health Survey for England) 자료를 토대로 연구한 결과, 정신 건강 상태와 과일, 채소 섭취의 연관성을 밝혔다. 이 연구는 16세 이상의 참가자 14,000명을 대상으로 진행했고, 그중 44%가 남성, 56%가 여성이었다. 연구팀은 연구 대상자의 정신 건강 상태를 알 수 있는 자료를 수집 분석했다.

연구 결과, 정신적으로 건강한 사람 중 33.5%는 하루에 과일과 채소를 5번 이상 먹는 것으로 나타났고, 과일과 채소를 하루에 한 번 이하로 섭취하는 사람은 6.8%만이 정신 건강 수치가 좋은 것으로 나타났다. 정신 건강이 좋은 사람의 31.4%가 하루에 과일이나 채소를 3~4번 먹었고, 그들 중 28.4%가 1~2번 먹는 것으로 나타났다.

이에 대해 연구팀은 과일과 채소를 많이 먹으면 정신 건강을 해칠 위험이 낮다고 결론짓고, 하루에 다섯 번 정도 과일이나 채소를 섭취할 것을 권장했다. 연구를 주도한 새베리오 스트레인지스(Saverio Stranges) 박사는 "이번 연구는 과일과 채소를 섭취하는 것이 신체 건강뿐만 아니라 정신 건강에도 이롭다는 것을 보여준다. 금연하고 과일과 채소를 많이 섭취하면 신체 건강과 정신 건강을 지킬 수 있을 것이다"라고 했다.

맛있는 음식을 먹으면 기분이 좋아진다. 또 음식을 적절히 잘 먹으면 운동하지 않고도 지방을 태울 수가 있고, 그 결과 날씬한 몸매를 유지할 수 있게 된다. 미국 건강 정보 사이트 <헬스닷컴>이 몸은 물론 정신까지 놀라울 정도로 건강하게 만들어 주는 음식 네 가지를 소개했다.

(1) 힘을 북돋우는 볶음요리

쇠고기를 후추, 아스파라거스, 생강, 간장, 라임 주스, 현미 등과 함께 볶고, 그 위에 캐슈너트(견과류)를 올린다. 아스파라거스는 에스트로겐과 테스토스테론을 샘솟게 하는 비타민E를 넉넉하게 제공한다. 쇠고기에 있는 아연 역시 테스토스테론 분비를 늘려준다. 현미 또한 욕구를 높이는 아연을 자랑하며, 힘을 지탱하게 해주는 서서히 타는 탄수화물이다. 캐슈너트는 자연의 정력제로 여겨지고 있다.

(2) 해독에 좋은 지중해식 샐러드

미나리, 아티초크, 셀러리, 붉은 양파, 페타 치즈 등을 오이 비네그레트소스에 버무린다. 오이에는 비타민C와 부기를 억제하는 커피 산이 있어 부기를 없애준다. 미나리와 아티초크에는 부기를 없애는 이뇨제 성분이 들어 있고, 아티초크 또한 수용성 식물 섬유인 이눌린의 자연식품이다. 셀러리에 있는 소금과 칼륨은 체액의 농도를 잡아준다.

(3) 기분을 좋게 하는 연어 샌드위치

팬에 구운 연어를 통밀빵에 올리고 호두와 시금치 페스토(이탈리아 음식 소스)를 뿌린 뒤 붉은 치커리를 곁들인다. 연어에는 기분을 북돋우는 오메가3 지방산이 풍부하고, 시금치에는 마그네슘이 가득한데, 마그네슘은 긴장을 완화하고 혈압을 낮춰준다. 또 호두는 밤에 잘 자게 해주는 멜라토닌이 듬뿍 들어 있는 자연 음식이다.

(4) 군살을 빼는 블랙베리-바나나 스무디

바나나와 블랙베리를 가벼운 코코넛우유, 저지방 요구르트 그리고 레몬 약간과 꿀을 함께 넣어 섞어라. 블랙베리는 실제로 섬유소가 많아 포만감을 주고 살이 빠진다. 바나나에는 저항성 녹말이 있는데, 그것은 섬유소처럼 기능하는 탄수화물로, 포만감과 함께 체중이 감량되는 역할을 한다(덜 익은 것에 저항성 녹말이 더 많다).

뇌에 좋은 음식을 먹어라

먹거나 마시는 것에 지나치게 탐닉하면 몸도 비틀거리고 나태해지면서 무거운 기분으로 지낼 수밖에 없다. 따라서 뇌에 좋은 녹색 잎이 많은 채소와 양배추, 고구마, 오메가3 지방산이 풍부한 음식들을 먹어야 한다. 오메가3 지방산은 자연에 있는 가장 강력한 항우울제의 하나이다. 특히 밤에 술을 많이 마시는 사람들은 달걀, 콩 등 영양소가 풍부한 음식을 먹어 뇌를 회복해야 한다. 이들 음식에는 엽산이 풍부해 신경 전달 물질을 보충해줄 수 있다.

불안한 마음을 달래주는 데 좋은 최상의 식품들

우울하거나 불안한 마음을 안정시키려면 식생활부터 잘 챙겨야 한다. 학설에 의하면 정신 건강의 중추 기관인 뇌의 상태는 유전자로 결정되는 것이 아니라, 우리가 매일 먹고 마시는 음식에 의해 영향을 받는다고 한다. 기분을 좋게 하고 마음을 안정시켜주는 음식에는 어떤 것들이 있을까? 우울할 때 먹으면 좋은 음식은 '트립토판'이 풍부한 달걀, 우유, 땅콩, 아몬드, 바나나 등이다. 행복 호르몬인 '세로토닌'은 트립토판에서 만들어지며, 트립토판이 세로토닌으로 결합할 때 '비타민B6, 마그네슘'과 함께 합성된다. 따라서 트립토판이 풍부한 음식과 함께 호박씨, 멸치, 대두, 고등어, 게, 바나나, 브로콜리, 시금치, 부추, 양배추 등과 함께 섭취하면 더욱더 효과적이다.

우울증 해소에는 오메가3 지방산도 도움이 된다. 2007년 미국 오하이오주립대학교 재니스 키콜드-글래서(Janice Kiecolt-Glaser) 박사팀은 오메가3 비율이 낮을수록 우울증이 심해지고, 자살률도 높다고 보고했다.

스트레스를 없애고 마음을 안정시키는 데 도움을 주는 성분은 '마그네슘'과 '칼슘'이다. 마그네슘은 신경에 작용하여 흥분을 가라앉혀 초조함, 긴장감을 덜어주고, 정신을 안정시키는 역할을 한다. 부족하면 초조함, 신경과민, 경련, 불안증, 불면증 등이 나타난다. 칼슘은 스트레스를 많이 받을 때 배출량이 많아지며, 부족하면 불안해지고 짜증이 잘 나는 경향이 있다. 마그네슘은 현미, 해바라기 씨앗과 같은 견과류와 녹황색 채소에 많이 들어 있으며, 칼슘은 우유, 치즈, 뼈째 먹는 작은 생선, 녹황색 채소 등이 있다. 또한 '타우린'도 심신을 안정시키고, 스트레스로 인한 긴장을 풀어주는 것으로 보고되고 있다.

2. 심장에 좋은 음식이 뇌 건강에도 탁월하다

뇌 건강을 향상할 수 있는 음식은 무엇일까. 연구팀에 따르면 "지중해식과 대시(DASH) 식단을 조합하는 것이 가장 효과적이다"라고 한다. 대시는 고혈압 환자들을 위한 식이요법으로 지방과 염분 섭취량을 줄이고, 채소와 과일 위주의 식사를 하는 것이다. 이러한 식단은 심장 건강을 지키는 데도 탁월하다. 이번 연구를 이끈 미국 메이오 클리닉의 미셸 M. 밀케 교수에 따르면 심장에 좋은 음식은 대체로 뇌 건강에도 유익하다. 심장이 제대로 작동해야 혈류 흐름이 원활해져 뇌로 충분한 산소와 연료를 공급할 수 있기 때문이다. 심장과 뇌 건강에 도움이 되는 대표적인 음식은 다음과 같다.

(1) 지방이 풍부한 생선
해산물은 뇌 건강에 도움이 되는 두 가지 중요한 영양 성분을 함유하고 있다. 하나는 오메가3 지방산이고 또 다른 하나는 비타민D다. 터프츠대학교의 한 연구에 따르면 생선을 주 3회 먹는 사람들은 알츠하이머 위험률이 40%가량 줄어든다. 비타민D가 뇌를 보호하는 기능을 한다는 연구 결과 역시 꾸준히 나오고 있다.

(2) 잎이 많은 채소
시금치, 케일과 같은 잎채소는 비타민K가 풍부하다. 이 영양소는 인지 기능이 떨어지는 것을 늦추는 작용을 한다. 러시대학교 의료센터 연구팀에 따르면 매일 잎채소를 1~2접시씩 먹는 사람들은 잎채소를 먹지 않는 사람들보다 평균 11살 젊은 인지 기능을 유지한다.

(3) 올리브오일과 블루베리

올리브오일과 블루베리에는 강력한 항산화 성분이 들어 있다. 올리브오일은 폴리페놀, 블루베리에는 안토시아닌이 풍부하다. 폴리페놀은 기억력 감퇴처럼 나이와 연관이 있는 질병을 예방하는 데 도움이 된다. 국제 학술지 「알츠하이머 저널」(Journal of Alzheimer's Disease)에 실린 논문에 따르면 올리브오일은 학습 능력과 기억력을 향상하는 작용을 한다. 또 단일 불포화 지방을 올리브오일과 같은 고도 불포화 지방으로 바꾸면 알츠하이머 위험률이 떨어진다는 연구 결과가 있다.

터프츠대학교의 한 연구에 따르면 안토시아닌은 혈액과 뇌 조직 사이에 있는 '혈액 뇌 관문'을 지나면서 뇌세포를 보호하고 뇌 신경 사이의 소통을 원활하게 만든다. 블루베리가 단기 기억을 향상하는 효과가 있다는 논문도 있다.

두뇌 나이 낮추고, 활력 높이는 뇌 건강 지침서
─ 나이보다 젊어지는 행복한 뇌

국내 뇌 과학 연구 권위자인 한국 뇌 연구원 서유헌 초대 원장이 '뇌 노화 방지' 방법을 알려준다. 저자는 "성장이 멈춘 신체는 나이와 함께 노화하지만, 뇌 활력을 키운다면 나이보다 젊게 살 수 있다"고 말한다. 활력 없는 뇌는 우울증, 뇌졸중, 파킨슨병, 알츠하이머, 치매 위험을 크게 높인다. 뇌 활력을 키우기 위해 저자가 소개하는 일곱 가지 건강 습관은 다음과 같다. 1) 감정의 뇌에 즐거운 자극을 줘라 2) 죽을 때까지 배워라 3) 온몸 구석구석을 적극적으로 사용하라 4) 식욕에 따라 필요한 만큼 잘 먹어라 5) 적극적으로 감정 표현을 하라 6) 절제나 금욕보다 건강한 성생활을 즐겨라 7) 음주, 흡연, 스트레스를 줄여라.

3. 뇌 노화 예방

뇌의 노화 막아주는 3대 영양소

매일 먹는 음식의 선택 기준은 무엇일까. 주변에 식단을 계획적으로 구성하는 사람이 있다면, 체중계 눈금이나 줄자 수치를 의식했을 가능성이 크다. 혹은 당뇨나 고혈압처럼 특정 질환이 있을 수도 있다. 반면 뇌 건강을 위해 음식을 선택한다는 사람들은 많지 않다. 하지만 노화와 함께 진행되는 인지 기능 감퇴는 삶의 질을 상당 부분 떨어뜨린다. 뇌 기능이 손상되지 않도록 지키는 것 역시 신체 건강 못지않게 중요하다. 뇌 건강을 지키는 대표적인 영양소로는 오메가3 지방산, 플라보노이드, 비타민E가 있다.

(1) 뇌 부피를 지키는 오메가3 지방산

기억력 감퇴를 막으려면 뇌세포끼리의 원활한 소통이 중요하다. 신경세포끼리 부지런히 정보를 주고받을 수 있어야 한다는 말이다. 그런데 노화가 진행되면 신경세포가 수축하면서 충분한 영양 성분이 공급되지 않는다. 그로 인해 뇌가 신경 전달 물질을 덜 생산하게 되고, 세포 사이의 정보 교환 능력과 기억력이 떨어지게 된다. 과학자들에 따르면 오메가3 지방산 중 특히 DHA가 신경세포 사이의 효율적인 신호 전달을 촉진한다. 체내 염증 수치를 떨어뜨리고 집중력을 향상하며, 기억력 손실을 막는 역할을 한다.

국제 학술지 「신경학(Neurology) 저널」에 실린 논문에 따르면 폐경기 후 여성이 오메가3 지방산인 EPA와 DHA를 공급받으면, 뇌의 부피가 늘어난다. 뇌 부피가 줄어들면 알츠하이머 발병률이 높아지는 만큼 중요한 부분이다. 우리 몸은 자체적으로 오메가3 지방산을 생산할 수 없으므로 반드시 음식물을 통해 보충해야 한다. 생선이 가장 좋은 공급원이고, 시금치와 같은 잎채소, 카놀라유와 같은 식물성 오일, 달걀, 호두 등도 좋다.

(2) 기억력 향상을 위한 플라보노이드

채소, 과일, 허브와 같은 식물성 음식에는 강력한 항산화 물질인 플라보노이드가 들어있다. 이 영양 성분은 심장 질환의 위험률을 떨어뜨리고, 체내 염증을 줄이는 기능을 한다. 또 노화가 진행되는 뇌 건강에도 유익하다. 치매를 일으키는 원인인 '아밀로이드 플라크'가 형성

되는 것을 방해해 신경세포 간의 정보 교환을 원활하게 만들기 때문이다.

「미국신경외과학회(American Neurological Association) 저널」에 발표된 논문에 따르면 플라보노이드 함량이 높은 베리류 과일을 많이 먹는 여성들은 그렇지 않은 여성들보다 기억력 감퇴 속도가 2년 정도 지연된다. 플라보노이드 섭취량을 늘리려면 다양한 색깔의 음식을 골고루 먹는 것이 좋다. 플라보노이드가 특히 더 풍부한 음식을 꼽자면 베리류 과일, 잎채소, 커피, 다크 초콜릿, 레드와인 등이다.

(3) 뇌 손상을 막는 비타민E

비타민E는 세포의 손상을 막는 활성 산소와 싸우는 역할을 한다. 「뇌졸중(Stroke) 저널」에 실린 논문에 따르면 비타민E의 일종인 토코트라이에놀은 뇌졸중의 위험률을 높이는 대뇌 백색 질 변성의 생성으로부터 뇌를 보호하는 기능을 한다. 비타민E가 풍부한 음식으로는 아몬드, 땅콩과 같은 견과류, 해바라기 씨와 같은 씨앗, 식물성 기름, 잎채소 등이 있다.

뇌도 늙는다 – 뇌 노화 예방법 다섯 가지

동안과 안티에이징 열풍으로 인해 젊은 외모를 갖는 것에 관한 관심은 높아졌지만, 정작 우리 몸을 관장하는 뇌의 노화에 대해서는

잊고 사는 경우가 많다. 뇌의 노화를 예방하고 뇌 기능을 원활하게
하는 생활 습관을 알아보자.

(1) 숙면하기

뇌 노화 예방을 위해 중요한 것 중 하나는 숙면이다. 충분히 잘
잤을 때 뇌세포가 활성화되므로 기억력에도 숙면은 꼭 필요하다. 평소
수면 시간이 부족하다고 느낀다면 20분 이하의 짧은 낮잠으로도 뇌에
활력을 줄 수 있다.

(2) 뇌에 영양 공급하기

불포화 지방산은 뇌에 좋은 영양소다. 등 푸른 생선에 함유된 오메
가3 지방산은 대표적인 불포화 지방산으로 동맥을 청소하고, 뇌의
신경 전달 물질의 기능을 향상한다.

(3) 혈액 순환을 원활하게 관리하기

뇌는 혈액으로부터 영양을 공급받는다. 따라서 뇌의 진정한 항노
화는 내 몸의 혈관을 깨끗하고 원활하게 관리하는 것에서부터 시작된
다. 혈관에 좋은 해초와 생선 등은 비타민과 무기질이 풍부하고 혈소
판의 점성을 줄여 응고를 막는다.

(4) 화학 물질 멀리하기

MSG나 인공 감미료 같은 식품 첨가물은 뇌에도 영향을 미쳐 기억

상실과 같은 뇌 기능의 장애를 초래하기도 한다.

(5) 평생 학습하기

새로운 것을 배우고 변화를 추구하는 삶은 장기적으로 뇌의 기억력과 세포의 기능을 활성화한다. 쓸수록 단련되는 근육처럼, 뇌도 쓰면 쓸수록 발전한다.

기억력 향상을 위한 일상 습관

나이가 들수록 기억력과 인지 기능이 일부 감퇴하는 것은 자연스러운 노화 과정 중 하나다. 지금부터라도 일상에서 간단한 습관으로 뇌 기능을 개선하는 노력을 한다면, 또렷한 사고와 집중력을 오래 유지할 수 있을 것이다. 최대한 한 번에 하나의 업무를 수행하는 것이 뇌 건강에 좋다. 많은 연구에서 명상을 꾸준히 한 사람의 뇌가 그렇지 않은 사람보다 더 두꺼워지고 활성화된다는 것을 밝혀냈다.

1) 기억·독서 등 뇌를 꾸준히 써야 기억력·인지 능력 개선된다

뇌도 몸의 근육과 같아 꾸준히 써야만 기능이 유지, 개선된다. 나이가 들수록 기억력과 인지 기능이 일부 감퇴하는 것은 자연스러운 노화 과정 중 하나다. 핸드폰을 어디에 뒀는지, 특정 단어가 떠오르지 않는 것은 정상적인 수준일 것이다. 캘리포니아대학교 샌프란시스코 캠퍼스 신경심리학 연구진에 따르면 멀티태스킹이나 일 처리 속도 등과 관련한 인지 능력은 서른 살 전후로 정점을 찍은 후, 아주 조금씩 감퇴한다고 한다.

(1) 인터넷 검색 전 '한 번' 고민해보기

평소 알고 있던 인물·사물 등의 이름이 잘 생각나지 않는 일이 종종 생긴다. 이름이 혀끝에 맴돌지만 끝내 입 밖으로 나오지 않는 그런 상황이다. 이런 경우 스마트폰이 일상화돼있는 요즈음 대부분 사람은 곧바로 인터넷을 검색하게 된다. 간편하고 손쉬운 방법이다. 인터넷으로 정보를 찾기 전 자신의 머릿속에서 '기억'을 찾아내려고 노력하는 것은 작지만 좋은 습관이다. 무언가 기억해내려고 생각하는 과정은 뇌의 해마와 전두엽 피질을 활성화해 뇌 기능 개선 및 유지를 돕는다.

(2) 독서, 암기 등으로 '뇌 훈련'

'기억해내기'와 비슷한 방법으로 독서나 암기 훈련, 십자말풀이 등의 뇌 훈련 방법이 있다. 뇌도 몸의 근육처럼 자주 사용해줘야 제대로 기능할 수 있다. 뇌 훈련은 기억력을 높이는 데 도움을 준다. 매일 하루에 15분씩만 해도, 뇌 기능이 좋아지는 효과를 볼 수 있다.

(3) 스마트폰 의존, '멀티태스킹' 줄이기

멀티태스킹은 한 번에 여러 일을 함으로써 효율적 행위로 비칠지 모르지만, 사실상 그와 반대다. 우리의 뇌는 한 번에 여러 일에 집중하지 못하도록 설계돼 있다. 이에 멀티태스킹은 뇌에 스트레스를 주는데, 스트레스는 단기 기억을 방해하는 호르몬의 분비를 촉진한다. 요즘 멀티태스킹은 대부분 휴대전화로 인해 발생한다. 업무를 하는 도중에 반복적으로 이메일을 확인하는 것, 공부를 하는 중에 SNS를 꾸준히 확인하는 것, 다른 행동을 하면서 영상을 틀어놓는 것 등도 모두 멀티태스킹이다. 최대한 한 번에 하나의 업무를 수행하는 것이 뇌 건강에 좋다.

(4) 과일, 채소 많이 … 건강한 식사하기

기억력 감퇴의 주요 원인 중 하나는 뇌의 산화다. 매일 사용하는 뇌에는 쉽게 활성 산소가 쌓이는데, 이는 신경세포들의 노화를 촉진한다. 이에 활성 산소를 잡는 음식들을 먹는 것이 좋다. 과일과 채소는 천연 항산화 효과를 지닌 식품으로, 많이 먹으면 뇌의 산화로 인한 손상을 막을 수 있다. 특히 베리류 과일은 항산화 성분인 안토시아닌이 많고, 비트는 질산염이 풍부해 혈류의 흐름을 강화해 도움이 된다.

설탕 섭취는 가능한 줄이는 것이 좋다. 설탕 음료를 많이 마시면 초기 알츠하이머병 증상과 관계있는 뇌 용량 감소의 효과를 불러일으킨다. 과일은 괜찮지만, 설탕이나 설탕 첨가 음료는 피하는 것이 좋다.

(5) 마음 건강, 뇌 건강도 … '명상'으로 챙기자

2000년대 들어 다양한 연구는 '명상'이 뇌에 미치는 영향을 분석하고 있다. 많은 연구는 명상을 꾸준히 한 사람의 뇌가 그렇지 않은 사람보다 더 두꺼워지고 활성화된다는 것을 밝혀냈다. 명상하면 뇌 좌측의 안와전두피질, 해마 등의 기능이 활성화되는 것으로 나타났다. 명상 방법은 인터넷에 널리 퍼져 있다. 스마트폰에 명상 앱을 설치해서 따라 하는 것도 좋다. 방법 역시 정해진 것은 없다. 자신에게 맞는 방법으로 하면 된다.

2) 슈퍼에이저의 뜻 — 80대인데 50대 뇌를 가졌다면, 그 비법은?

슈퍼에이저 뜻이 주목받고 있다. 실제 나이는 80대지만, 뇌 나이는 50대인 사람들이 있다. 이렇게 자신보다 훨씬 젊은 사람들의 기억력과 맞먹는 젊은 뇌를 가진 이들을 '슈퍼에이저'라고 부른다. 이 개념은 미국 노스웨스턴대학교 인지 신경학 알츠하이머 질환 센터 연구진에 의해 만들어졌다.

연구진은 최근 슈퍼에이저의 뇌 특징 및 생활 습관 등을 분석해 알츠하이머 환자들의 치료제를 개발하는 연구를 진행하고 있다. 신경 과학 전문지 '신경과학회지' 최신 호에 실린 연구 내용에 따르면, 슈퍼에이저의 뇌는 일반 노인의 뇌보다 피질 부위가 더 두꺼운 특징을 보였다. 슈퍼에이저들은 알츠하이머의 초기 증상과 연관이 있는 신경 섬유의 개수도 일반 노인보다 90%가량 적은 것으로 나타났다.

이뿐 아니라, 슈퍼에이저들은 직관적인 판단과 고도의 사회적 지능과 연관이 있는 신경세포인 '폰 에코노모 뉴런'이 더 발달한 모습을 보였다. 폰 에코노모 뉴런은 다른 어떤 종에서도 발견되지 않는 인간 고유의 세포라고 알려졌다. 연구진은 슈퍼에이저에게서 다수 발견되는 이 세포가 뛰어난 기억력의 열쇠 중 하나일 것으로 보고 있다. 연구를 이끈 노스웨스턴대학교 겔라 박사는 "슈퍼에이저는 특별한 유전자나 뇌를 보호할 수 있는 복합적인 요소의 영향을 받는 것으로 보인다"고 말했다. 이어 "이들의 뇌 특징에 관한 연구는 노인들이 자신의 인지 능력을 평범한 상태로 유지하고 알츠하이머를 치료하는 데 도움이 될 것"이라고 말했다.

한편, 평소 '뇌 운동'을 하는 것이 뇌 퇴화를 늦출 수 있다고 알려졌다. 뇌 운동이라고 하면 대개 바둑이나 장기 등의 놀이나 계산 암기 같은 것을 먼저 떠올리지만, 신체를 움직이는 것도 뇌를 운동시키는 방법이 될 수 있다. 신체를 많이 움직이면, 뇌에서 새로운 뇌세포가 많이 생기고, 세포 간 연결이 강화된다. 또한 뇌 혈류량도 늘고 더 많은 산소와 영양분을 뇌에 공급할 수 있게 돼 전반적인 뇌 기능 향상 효과를 얻을 수 있다.

4. 우울증

우울증 퇴치에 도움이 되는 음식 열 가지

캐나다 토론토대학교 연구팀에 의하면 우울증 환자들은 우울증이 없는 사람들에 비해 뇌에 염증이 있을 비율이 30%가량 높은 것으로 나타났다. 이번 연구를 통해 아무 신체적 문제가 없는 상황에서도 염증이 우울증 증세에 영향을 미칠 수 있다는 것이 밝혀졌다.

이와 관련해 미국의 건강정보 사이트 <에브리데이헬스닷컴>(everydayhealth.com)이 뇌 염증을 퇴치하는 데 도움이 되는 음식 열 가지를 추천했다.

(1) 녹색 잎채소

『기적의 밥상』(*Eat to Live*)의 저자인 조엘 펄먼(Joel Fuhrman) 박사는 건강에 가장 좋고 영양소가 가장 풍부한 음식으로 시금치, 케일, 근대 등과 같은 녹색 잎채소를 첫손에 꼽는다. 이런 잎채소는 강력한 면역력 증강과 항암 효과가 있다.

펄먼 박사는 위 책에서 "이런 잎채소들은 정상 세포가 암으로 변하는 것을 막아주며 신체를 무장시켜 암세포를 공격할 준비를 하게 한다"고 썼다. 연구에 의하면 녹색 잎채소들은 모든 종류의 염증을 퇴치하는 효능이 있다. 그리고 잎채소에는 비타민A, C, E와 각종 미네랄, 항산화 물질인 파이토케미컬이 풍부하게 들어있다.

(2) 호두

식물 중에 오메가3 지방산을 가장 많이 포함하고 있다. 여러 연구 결과, 오메가3 지방산은 뇌 기능을 지원하고, 우울증 증상을 감소시키는 것으로 나타났다. 지난 세기 동안 서양 식단에서 오메가3 지방산이 많이 든 식품이 사라지면서 정신 질환이 매우 증가했다는 연구 결과도 있다.

(3) 아보카도

뇌가 필요로 하는 건강에 좋은 지방이 많이 들어있다. 아보카도 열량의 4분의 3은 단일 불포화 지방에서 나오는 것이다. 또한 단백질 함량이 높고 비타민K를 비롯해 비타민B9, B6, B5와 비타민C, 비타민E12 등이 들어있다. 당분 함량은 낮은 대신 식이섬유는 풍부하다.

(4) 베리류

블루베리를 비롯해 라즈베리, 블랙베리, 딸기 등의 베리류에는 항산화제가 많이 들어있다. 연구에 의하면 우울증 환자들이 항산화제를 2년 동안 섭취한 결과, 우울증 증세가 크게 낮아진 것으로 나타났다. 항산화제는 몸속 세포를 고치고 암을 비롯한 병에 걸리는 것을 막는 효능도 있다. 우리나라에서 최근 많이 생산되는 오디, 꾸지뽕, 아로니아, 복분자 등에도 항산화제가 다량 들어있다.

(5) 버섯

버섯이 정신 건강에 좋은 두 가지 이유가 있다. 혈당을 낮추는 데 도움이 되는 성분이 있어 기분을 안정시키며, 건강에 좋은 장내 세균을 촉진하는 프로바이오틱(생균)이 들어있기 때문이다. 장에 있는 신경세포는 정신을 온전하게 유지하는 역할을 하는 신경 전달 물질인 세로토닌의 80~90%를 생산하기 때문에 장내 건강 상태가 대단히 중요하다.

(6) 양파

양파를 비롯해 파, 마늘 등의 파속 식물은 몇 가지 암 위험을 줄이는 효능이 있다. 펄먼 박사는 "양파와 마늘을 자주 먹으면 소화관 계통의 암 발생 위험이 감소한다"고 말한다. 이런 채소들은 또한 항염증 효능이 있는 플라보노이드 항산화제를 많이 함유하고 있다. 소화관과 뇌 사이의 연관성을 안다면 왜 장과 관련된 암을 막는 데 도움이 되는 식품이 정신에도 효과가 있는지 알 수 있다.

(7) 토마토

우울증을 퇴치하는 데 좋은 엽산과 알파리포산이 많이 들어있다. 연구에 의하면 우울증 환자 약 3분의 1이 엽산 결핍 현상이 있는 것으로 나타났다. 엽산은 아미노산의 일종인 호모시스테인의 과잉을 막는다. 호모시스테인은 세로토닌이나 도파민 같은 중요한 신경 전달 물질의 생산을 제한하는 아미노산의 일종이다. 또 알파리포산은 신체가 포도당을 에너지로 전환하는 데 도움을 줌으로써 마음을 안정시키는 작용을 한다.

(8) 콩류

당뇨를 방지하고 체중 감소에 좋은 식품이다. 콩류는 천천히 소화되면서 혈당을 안정시키기 때문에 기분에 좋은 작용을 한다.

(9) 씨앗류

치아시드와 아마씨에는 오메가3 지방산이 풍부해 기분을 좋게 하는 효과를 발휘한다. 펄먼 박사는 "이런 씨앗은 질병을 퇴치하는 독특한 성분을 가지고 있을 뿐만 아니라 다른 채소와 같이 먹었을 때 채소에 들어있는 영양분의 흡수를 증가시키는 효능이 있다"고 말했다.

(10) 사과

베리류처럼 사과에는 산화로 인한 손상과 염증을 막거나 고치는 효능이 있는 항산화제가 풍부하게 들어있다. 또한 식이섬유가 많아 혈당의 균형을 유지한다.

우울증, 스트레스에 좋은 음식

(1) 바나나

바나나에는 행복 호르몬인 세로토닌에 관여하는 '트립토판' 성분이 함유되어 있으며, 비타민과 칼륨, 마그네슘이 풍부해 우울하거나 스트레스를 받을 때, 마음이 불안할 때 먹으면 도움이 된다.

(2) 생선

생선은 오메가3 지방산을 포함하고 있어 스트레스 호르몬을 조절하고, 우울증을 방지한다. 생선의 이런 효과를 극대화하기 위해서는 매주 85g씩 최대 2번 섭취하는 것이 좋다. 생선은 가능한 한 쪄서 먹거나 구이 시 종이 포일을 이용해 기름을 최대한 이용하는 것이 좋다.

(3) 호두

펜실베이니아대학교의 연구에 따르면 호두는 스트레스의 심혈관계 반응을 무디게 하는 것으로 나타났다. 호두에 함유된 다가 불포화 지방산 및 단일 불포화 지방산 덕분으로, 이는 혈액 중 콜레스테롤 수치를 낮추기도 한다.

(4) 다크 초콜릿

독일에서 진행된 한 연구에 따르면 다크 초콜릿을 적절히 섭취하면 동맥 혈압이 낮아지고 스트레스 호르몬의 활동이 저하되는 것으로 나타났다. 또 체내의 활성 산소를 없애는 등 항산화 효과도 뛰어난 것으로 알려졌다. 초콜릿은 하루 2조각 정도 먹는 것이 적당하다.

(5) 홍차

홍차는 스트레스로 인한 심리적 감정 저하의 회복을 돕고 기분을 좋게 한다. 실제 연구 결과 6주간 매일 4잔의 홍차를 마신 사람들과 가짜 홍차를 마신 사람들을 비교한 연구에서 진짜 홍차를 마신 사람들은 좀 더 편안함을 느끼며, 코티솔(스트레스 호르몬) 수치가 낮아졌다.

(6) 아보카도

아보카도는 스트레스 대처에 뛰어난 효과를 발휘하는 칼륨 및 단일 불포화 지방산을 포함하고 있어 동맥 혈압을 낮춰주고, 우울증을 예방하는 데 도움을 준다. 또한, 칼륨과 비타민, 미네랄이 풍부해 피로 해소에도 좋다.

(7) 녹황색 채소

아삭아삭한 채소, 즉 셀러리 등은 뇌 혈류를 좋게 해 산소 공급을 원활하게 하며, 시금치 등은 마그네슘과 칼슘이 풍부해 마음을 안정시키는 데 효과적이다. 마그네슘은 스트레스 호르몬의 수치를 조절해 스트레스를 낮춰주며, 부족할 때는 두통과 피로 등이 유발될 수 있다.

5. 치매에 좋은 음식

치매란 무엇인가?

심평원은 지난 5년간(2009~2013년) 치매(F00~03, G30)에 대한 심사 자료를 분석한 결과, 치매로 인한 진료 인원은 연평균 증가율이 17%로 꾸준히 증가하고 있으며, 젊은 층의 증가율도 높아 주의가 필요하다고 밝혔다. 치매는 대표적인 노인성 질환으로, 다양한 원인에 의해 뇌 기능이 손상되면서 생기는 질환이다. 증상은 기억력, 언어 능력 등의 인지 기능이 저하되어 일상생활에 장애가 발생하게 되며, 종류에는 주로 '혈관성 치매', '알츠하이머병 치매' 등이 있다.

치매가 발생하는 대표적인 원인에는 알츠하이머병, 혈관성 등이 있으며, 우울증, 약물, 알코올 등의 기타원인이 있다. 알츠하이머병은 치매의 원인이 되는 대표적인 질환으로 기억력이 저하되고, 언어, 판단 능력 등의 점차 저하되는 퇴행성 뇌 질환이다. 일상생활에서 지장이 있을 정도로 기억력이 떨어지거나 언어 장애, 시간과 장소 혼동 등의 증상이 있으면 치매를 의심할 수 있으며, 의심되는 즉시 전문의와 상담, 검진 등을 받도록 해야 한다. 치매 검사는 진찰, 혈액 검사, 신경 심리 검사, 뇌 영상 검사 등으로 이루어지며, 혈관성 치매의 경우 초기에 발견되면, 다른 치매보다 호전될 가능성이 큰 것으로 알려졌다.

건망증 심해지는 나, 치매 걱정되면 주목해야 할 영양소

낯설지만 꼭 알아둬야 하는 치매의 전 단계가 있다. 바로 '경도인지장애'다. 경도인지장애는 동일 연령대에 비해 기억력 등 인지 기능이 낮지만, 일상생활을 수행하는 능력은 보존돼 있어 치매는 아닌 상태를 의미한다. 이 상태는 알츠하이머병을 가장 이른 시기에 발견할 수 있는 단계이며, 인지 장애에 대한 치료 효과를 극대화할 수 있는 것으로 알려졌다. 최근 이러한 경도인지장애를 치료하는데, '포스파티딜세린'(PS)이 주목받고 있다. 포스파티딜세린은 세포막을 구성하는 주요 성분으로, 뇌의 신경 세포막에 많이 포함돼 있다. 나이가 들면 대개 포스파티딜세린이 부족해져 외부에서 부족한 부분을 공급받을 필요가 있다. 이는 콩·당근·쌀·우유 같은 음식이나 건강 기능 식품 섭취를 통해 가능하다. 보충한 포스파티딜세린은 뇌세포를 보호하고 신경 전달 기능을 활성화해 치매 예방을 돕는다.

PS가 기억력 개선에 이용된 것은 50여 년 전이다. 당시에는 소의 뇌에서 이 성분을 추출해 노인의 인지 기능 개선을 위한 치료제로 썼으나, 광우병 위험으로 사용이 중단됐다. 그 뒤 콩에서 유사한 성분이 발견돼 건강 기능 식품으로 만들기 시작했다. 미국·일본 등 해외 국가에서 포스파티딜세린은 이미 오래전부터 기억력 감퇴 예방과 치매 개선에 활용해왔고, 우리나라에서도 최근에 식품의약품안전처가 포스파티딜세린을 인지 능력 개선의 건강 기능 식품으로 인정했다.

경도인지장애는 일상생활에는 지장을 주지 않지만, 치매로 발전

할 수 있기 때문에 조기에 치료하는 것이 중요하다. 뇌 건강에 좋은 포스파티딜세린을 꾸준히 섭취해야 하는 이유다. 포스파티딜세린을 가장 많이 함유한 음식은 콩이다. 평소 쌀밥에 콩을 곁들이고 콩국수, 콩자반 등 콩 요리와 두부를 많이 섭취하면 인지 기능을 높여 치매를 예방하는 데 도움이 된다.

1) 노화 늦추고 치매 막으려면 마늘을 먹어라(뇌세포 손상 막아 준다)

영화 등에서는 뱀파이어를 격퇴하는 효능을 발휘하는 마늘이 현실에서는 노화와 신경계의 만성 퇴행성 질환으로부터 뇌를 보호한다는 연구 결과가 나왔다. 미국 미주리대학교 연구팀에 의하면 마늘에 들어있는 탄수화물이 알츠하이머병과 파킨슨병과 같은 노화와 관련된 신경계 질환을 예방하는 것으로 나타났다. 연구팀은 'FruArg'로 알려진 마늘에서 파생한 탄수화물에 초점을 맞춰 연구를 진행했다. 연구팀은 이 영양소가 환경 스트레스로 인해 초래되는 뇌세포 손상을 억제할 뿐만 아니라 심지어는 역전하기도 한다는 사실을 발견했다. 환경 스트레스는 노화 과정과 흡연, 공해, 외상성 뇌손상, 과도한 음주 등을 포함하는 것이다.

연구팀은 환경 스트레스가 있을 때 뇌세포 작용의 부산물로 일산화질소가 발생하는 데 이때 마늘에서 추출한 'FruArg'를 투여하면 일산화질소의 양이 줄어들면서 면역세포가 스트레스를 조절할 수 있다는 것을 알아냈다. 여기에 'FruArg'는 항산화제 생산을 촉진해 다른 뇌세포를 보호하고 치료하는 효과를 주는 것으로 나타났다. 연구팀은 "이번 연구를 통해 마늘이 신경계 질환이나 노화와 관련된 스트레스와 염증에 어떻게 작용하는지와 뇌에 어떻게 좋은 효과를 미치는지를 이해하게 됐다"고 말했다. 이런 내용은 영국 일간 데일리메일이 보도했다.

2) 두뇌의 천연영양제 초석잠

초석잠은 우리나라 전역에 분포해 있는 꿀풀과의 여러해살이 초본으로 중국 의학 대사전에도 약초로 기록되어 있다. 풀 아래 잠들어 있는 누에와 같다고 해서 붙여진 이름으로 물 빠짐이 좋고 양지바른 곳에서 잘 자란다. 동충하초와 유사하게 여름에는 잎이 무성하게 자라며, 겨울에는 잎이 떨어지고 뿌리의 생김새가 누에를 닮았다고 식물 동충하초라고 한다. 개량종은 골뱅이 형태를 담아 골뱅이형이라고 한다.

중국과 일본에서는 건강식품으로 아주 오래전부터 널리 이용됐으며 다양한 분야에서 활용되고 있는 기능성 채소다. 특히 중국에서는 동충하초 대용품으로 많이 이용되었으며, 일본에서는 젊음을 유지해 주는 장수 식품으로 널리 알려져 있다.

(1) 주요 성분과 효능

페닐에타노이드, 콜린, 천연 올리고당으로 이루어져 있으며, 천연 올리고당이 풍부해 변비에 효과적이고, 유황이 다량 함유되어 있어 피부 노화 방지 및 피부 미용에도 도움을 준다. 또한 혈액 순환을 좋게 하고 면역력을 증진해 관절염, 신경통, 중풍, 마비 증상, 치매 예방에 도움을 준다고 하여 새로운 건강식품으로 주목받고 있다. 특히 치매를 부추기는 요인 중 하나인 아세틸콜린 세포의 퇴화를 방지해주는 역할을 하며, 초석잠에 함유된 페닐에타노이드 성분 등이 치매 예방 및 기억력 향상에도 도움이 된다고 하여 화제가 되고 있다.

초석잠은 크게 두 가지로 구분되는데, 골뱅이형 초석잠은 머리 쪽의 도움을 원할 때, 즉 치매 예방, 기억력 증진, 머리를 맑게 해 주는 데 도움을 주며 단맛이 강해 누에형보다는 먹기가 수월하다. 누에형 초석잠은 장과 소화 기관의 도움을 원할 때, 즉 장 기능 개선과 소화 기능에 도움을 주며, 비교적 수확량이 많아서 골뱅이형보다 저렴하다.

(2) 섭취 방법

다양하게 이용할 수 있는 초석잠은 요리뿐 아니라 차, 효소, 즙 등 여러 가지 방법으로 식용할 수 있다. 차로 마실 땐 물 2L에 씻은 초석잠 20g을 넣고 약한 불로 2/3가 될 때까지 달여 마시고, 장아찌는 씻은 초석잠을 물기를 제거한 후 설탕, 식초, 물, 간장 순서대로 1:1:1:0.5 비율로 냄비에 넣어 팔팔 끓인 소스를 초석잠이 잠기도록 붓고 3~5일 숙성 후 먹는다. 생으로 섭취 시는 각종 기호 음료를 이용하여 주스로 갈아서 복용한다. 아이들 간식으로는 초석잠을 건조해 은은한 불에 볶아서 먹으면 고소하고 아삭한 맛이 있으며, 볶음 초석잠을 차로 이용하여 마시면 또 다른 고소한 맛을 느낄 수 있다. 그 외에도 밥, 샐러드, 찌개, 튀김 등으로 섭취한다.

(3) 섭취 시 주의사항

아무리 좋은 음식이라도 과다 섭취는 언제나 부작용이 있기 마련이다. 생 초석잠일 경우 하루 50g 정도가 적정량이고, 건 초석잠은 10~20g 정도가 적정 섭취량이며, 체력이 약하거나 저혈압 환자, 임산부들은 장기간 복용하지 않는 것이 좋다.

3) 치매 예방에 좋은 음식

혹 치매를 앓고 계신 부모님을 위해서 또는 치매를 예방해드리기 위해 특별한 음식을 준비하고자 한다면 어떤 음식이 좋을까? 생선 기름에 풍부한 EPA와 DHA는 오메가3계 지방산으로 혈전을 예방하는 효과가 있어 뇌경색으로 인한 뇌졸중 예방에 효과가 있으며, 뇌혈관성 치매를 예방하는 데 효과적일 수 있다. 의사의 처방 없이 정제된 생선 기름을 섭취하는 것은 뇌출혈의 위험을 높일 수 있으므로, 생선 기름은 정제된 형태로 보충하기보다는 식사할 때 생선을 충분히 섭취하는 것이 좋다.

비타민E는 혈전 및 고지혈증을 개선함으로써 뇌졸중 예방에 효과가 있다. 일부 연구에서는 알츠하이머 예방과 관련해 긍정적인 결과를 보였다. 비타민E로 이러한 효과를 보려면 많은 양을 필요로 하므로 식품으로 섭취하는 데는 한계가 있어 약물로 보충할 필요가 있다. 그러나 오히려 과잉 섭취는 출혈성 뇌졸중의 위험을 높이기 때문에 의사의 처방 없이 비타민E를 과잉 섭취하는 것은 위험하다. 비타민E의 안전한 섭취 방법은 호두나 잣과 같은 견과류, 식물성 기름, 달걀, 두류 등 비타민E를 많이 포함하고 있는 식품을 충분히 섭취하면 된다.

시중에서 판매되는 자양강장제 성분으로 익히 알려진 타우린은 뇌 활동을 활발하게 한다. 굴, 참치, 조개, 대추 등은 타우린이 많이 들어 있어 자주 먹는 것이 권장된다. 임산부의 필수 영양인 엽산은 치매에 걸린 사람에게도 효과가 있다. 치매에 걸리면 도파민, 세로토닌, 노르아드레날린 등 3종류의 신경 전달 물질이 부족한데, 이런 물질의 원료가 되는 아미노산이 만들어질 때, 엽산이라는 비타민이 중요한 역할을 한다. 엽산의 급원 식품으로 시금치, 근대, 상추, 브로콜리 등 푸른색이 짙은 채소류, 오렌지 주스, 간, 효모, 육류, 달걀 등이 있다.

그 밖에도 고혈압, 고지혈증, 당뇨병 등 성인병도 직간접적으로 치매를 악화시킨다. 염분, 콜레스테롤, 포화지방산이 적은 식사를 하고 혈관의 탄력을 유지하는 데 도움이 되는 양파, 당근, 시금치, 토마토, 멜론 등을 적당량 섭취하는 것이 좋다. 중금속은 신경세포의 독으로 작용하므로 주의해야 한다. 특히 알루미늄은 오래된 캔 제품이나 속쓰림을 완화하는 제산제 등에 많이 들어 있다.

한때 세브란스병원 영양 팀장이었던 김영미 씨는 "지금까지 치매를 예방하는 음식물에 관한 연구가 마무리된 것은 아니지만, 생선 기름의 EPA와 DHA, 비타민E, C, B12, 마늘과 양파 등이 치매 예방에 도움이 되는 것으로 거론되고 있다"고 말했다.

뇌를 살리자: 치매 예방 7계명

(1) 운동

운동을 하게 되면 신경세포를 성장시키는 BDNF라는 물질이 여러 작용 기전에 의해 뇌세포를 성장시키며, 그로 인해 뇌가 두꺼워지고, 치매를 예방할 수 있게 한다. 운동은 걷기나 뛰기와 같은 유산소운동은 기본이지만, 특히 근력운동과 스트레칭이 매우 중요하다. 기초 체력 및 근력이 좋지 않은 상태에서 유산소운동을 과하게 하면 무릎이나 허리에 무리가 오게 되는데, 이에 따라 운동을 중도 포기하는 사태가 발생하므로 근력운동은 반드시 해야 한다.

(2) 금연

흡연은 동맥 경화와 같은 심혈관 질환의 위험을 높이고, 유해 산소와 염증 반응을 유발하여 신경세포를 손상한다. 25~30년간 흡연을 한 경우 비흡연자보다 치매 발생 확률이 2.5배 증가한다고 한다.

(3) 긍정적인 사고

사별·이혼 등 혼자 사는 사람이 치매에 걸릴 위험이 2.9배 높다. 동호회 활동, 노인정에 가는 등 단체 활동을 활발하게 하면서 자주 대화를 나누는 것이 치매 예방에 좋다.

(4) 취미활동

고스톱을 치면 치매를 예방할 수 있을까? 전문가들은 고스톱의 치매 예방 효과를 인정하면서도 과신은 경계하라고 조언한다. 요즘 많이 하는 온라인 고스톱의 경우 컴퓨터가 자동으로 점수를 계산해주고 유리한 패를 알려주기 때문에 큰 도움이 되지 못한다. TV나 스마트폰을 멀리하고 독서, 바둑, 글쓰기, 악기 학습, 그림 그리기 등을 많이 하는 것이 좋다.

(5) 폭음 금물

음주는 치매를 발생시키는 주요 위험 요인으로 술을 자주 마시는 사람은 치매 발병 위험이 7.29배 높다는 연구 결과도 있다. 특히, 폭탄주를 반복해서 마시게 되면 뇌세포가 손상되고 뇌 피질이 얇아지게 되어 결국 치매를 더욱 잘 유발한다.

(6) 수명 연장 식사법

지중해식 식단은 식물성 기름, 풍부한 채소/과일/해산물, 가공되지 않은 전곡류 위주로 구성된다. 불포화 지방산을 다량 함유한 등 푸른 생선, 견과류와 인체의 유해 산소를 제거해 세포 노화를 막는 과일과 녹색 채소(토마토, 딸기, 포도, 블루베리 등)를 많이 섭취한다. 항산화 효과가 있는 녹차와 뇌 건강에 도움을 주는 우유를 꾸준히 마시는 것도 좋다.

(7) 고혈압 조절

당뇨병, 고혈압, 비만의 예방과 치료이다. 고혈압, 당뇨, 심장 질환이 있다면 식이요법과 약물 등으로 철저히 조절하고 치료해야 한다.

세대별 치매 예방 수칙 — 40대 이하 치매 환자 40% 증가

인구의 고령화로 치매 환자가 꾸준히 늘고 있는 가운데 치매 발병 연령이 점점 낮아지고 있어 예방법에 관심이 쏠리고 있다. 국민 건강 보험 공단의 '치매 관련 질환 진료 현황' 자료를 분석한 결과에 따르면 최근 7년간, 40대 미만 치매 진료 인원은 40%, 진료비는 110% 증가했고, 유형별로는 알츠하이머성 치매, 기타 치매, 혈관성 치매 순으로 높은 것으로 나타났다.

보건복지부의 2012년 치매 유병률 조사에 따르면 알츠하이머성 치매는 고령, 여성, 가족력, 우울증, 두부 손상 등이 주요 위험 요인이며, 초기에 진단받으면 치료제로 질병의 진행을 방지하거나 지연할 수 있고, 중기 이후로는 정신 행동 증상에 대한 대증적 치료를 병행하게 된다.

기타 치매는 갑상샘 저하증, 경막하 출혈, 정상압 뇌수종, 양성 뇌종양, 비타민B12 결핍 등이 주요 위험요인이며, 원인 문제를 해결하면 치료할 수 있다.

혈관성 치매는 고혈압, 심장병, 당뇨병, 동맥 경화, 고지혈증, 흡연 등이 주요 위험요인이며, 위험요인을 관리하면 예방할 수 있으며, 인지 기능 개선제, 항혈소판제, 항응고제 등의 치료제로 재발을 방지할 수 있다.

치매는 시간이 지날수록 기억력 저하와 생각, 행동 장애를 일으키는 뇌 질환으로 전 세계적으로 7초마다 한 명의 치매 환자가 발생하고 있으며, 우리나라 노인의 약 42만 명 이상이 치매를 앓고 있다. 현재 치매를 완치할 수 있는 약은 없으므로 치매의 위험요인 차단과 조기 발견이 가장 중요하다. 이제는 치매를 '노인성 질환'으로 국한할 것이 아니라 전 세대에 걸쳐 치매 예방을 위한 수칙을 숙지하고 관리하는 것이 필요하다. 보건복지부가 제공하는 '세대별 치매 예방 수칙'과 '인지 건강 수칙 여섯 가지'는 아래와 같다.

세대별 치매 예방 수칙

청년기
1. 하루에 세 끼를 꼭 챙겨 먹는다.
2. 평생 즐길 수 있는 취미로 운동한다.
3. 머리 다치지 않도록 조심한다.

장년기

1. 생활 습관에서 오는 병은 꾸준히 치료한다.

2. 우울증은 적극적으로 치료한다.

노년기

1. 매일 치매 예방 체조한다.

2. 여러 사람과 자주 어울린다.

3. 매년 보건소에서 치매 조기 검진받는다.

6. 뇌졸중

뇌졸중은 우리나라 사망 원인 중 두 번째로 많은 원인을 차지한다. 그뿐만 아니라 후유증으로 신체장애를 일으키는 주범이기도 하다. 식생활의 변화와 운동 부족으로 젊을 때부터 비만, 고혈압, 당료, 고지혈증 등을 앓는 사람이 늘면서 발병 원인도 계속 낮아지고 있다. 전체 뇌졸중 환자의 20% 이상이 50대 초반 이전에 발생하고 있을 정도다. 뇌는 항상 심장으로부터 일정량의 혈액을 공급받아야 정상적인 기능을 유지할 수 있다. 하지만 여러 가지 원인으로 혈액 순환이 방해받으면 뇌졸중으로 이어지게 된다.

중풍으로 불리는 뇌졸중은 뇌혈관의 문제로 생기는 병을 총칭하는 용어다. 크게 뇌혈관이 막히는 뇌경색과 뇌혈관이 터지는 뇌출혈로 구분한다. 과거엔 뇌출혈에 의해 발생하는 경우가 많았으나 요즘은 뇌경색에 의한 뇌출혈이 많아지고 있다.

뇌졸중은 뇌의 어떤 부위에 발생했는가에 따라 다양한 증상을 보인다. 특히 갑자기 발생하는 것이 일반적이다. 갑자기 신체 일부분의 감각이 현저히 둔해지거나 힘이 빠지며 일시적으로 시야가 흐려지고, 한쪽 눈이 안 보이기도 한다. 혀의 움직임도 둔화해 발음이 부정확해지며 말을 평소처럼 하기 힘들어진다. 한편 전에 경험하지 못한 극심한 두통이 생기며, 몸이 휘청거릴 정도로 심한 어지럼증이 생기기도 한다.

고혈압 48%, 당뇨병 15%, 고지혈증 15%가 뇌졸중을 일으키는 주요 인자로 꼽히는데, 혈관에 가해지는 압력이 높거나, 혈액 내 당분이 많으면 혈관이 노화되기 쉽다. 혈관이 노화되면 혈관이 탄력을 잃고 조금씩 단단해지며 혈관 안쪽에 혈액 속 지방, 유해 콜레스테롤 등이 들러붙게 되고, 여러 과정을 거쳐 혈관을 막는 혈전을 많이 만들게 된다. 이 혈전이 떠돌면서 혈관을 막으면 뇌로의 혈액 공급이 차단되어 뇌경색으로, 막힌 혈관이 터지면 뇌출혈을 유발하게 된다.

뇌졸중을 막는 법

1) 뇌졸중 피해를 줄이기 위해선 무엇보다 초기 증상을 알고 빠르게 대처하는 것이 중요하다. 치료를 일찍 시작할수록 경과도 좋기 때문이다. 뇌졸중이 발생 시 3시간 이내에 병원을 방문, 막힌 혈관을 뚫거나 지혈 치료받으면 회복할 수 있다. 따라서 뇌졸중 증상이 의심

될 때는 바로 119에 응급 구조를 요청, 도움을 받아야 한다.

2) 뇌졸중은 어느 날 갑자기 일어나지만, 뇌혈관을 손상하는 원인은 오래전부터 시작된다. 다른 질병과 마찬가지로 일상생활에서의 규칙적인 생활 습관으로 예방해야 한다. 적당한 운동을 꾸준히 하고, 무엇보다도 고혈압, 당뇨, 고지혈증 수치를 낮추고 지나친 음주, 흡연을 삼가야 한다.

3) 트랜스지방 등 고지방 식품을 삼가고, 채소, 과일, 견과류 등의 섭취량을 늘리고 균형 있는 식생활을 하며, 트랜스지방, 포화지방, 당이나 염분 섭취를 최소한으로 줄이는 것이 좋다.

뇌졸중에 좋은 음식

뇌졸중 예방에 좋은 음식을 알아보자. 채소와 과일, 생선을 많이 섭취하면 뇌졸중 발병률을 2/3 가량이나 줄일 수 있다. 호모시스테인의 수치가 높게 나타나면 뇌졸중에 잘 걸리는데 바나나, 오렌지, 시금치에 많은 엽산을 섭취하면 호모시스테인 수치를 낮출 수 있다.

1) 오렌지, 자몽, 감귤류 뇌졸중 예방 효과

뇌졸중을 예방하려면 오렌지나 자몽 등 감귤류를 꾸준히 먹는 게 좋다. 이런 과일 속에 들어 있는 플라바논(flavanone)이라는 물질이 뇌졸중을 막는 데 좋은 것으로 나타났기 때문이다. 이는 영국 이스트 앵글리아대학교 의과대학 연구팀이 미국 여성 7만 명의 식습관을 분석한 결과 밝혀낸 것이다. 이들 여성은 14년간 4년에 한 번씩 자신들이 먹는 음식, 특히 과일과 채소에 대해 상세하게 기록했다.

총 1,803건의 뇌졸중 발병이 있었는데, 플라바논 섭취량이 가장 많은 그룹의 혈전(피떡) 관련 뇌졸중 발생률이 플라바논 섭취량이 가장 적은 그룹에 비해 19% 더 낮은 것으로 나타났다. 연구팀의 아이딘 캐시디 박사는 "매일 감귤류 과일을 섭취하면 일과성 허혈 발작을 줄여주는 것으로 나타났다"면서 "감귤류 속의 플라바논이 혈관 기능을 향상하기 때문으로 보인다"고 말했다.

이들 여성 중 플라바논을 가장 많이 섭취한 그룹은 하루 평균 470㎎ 가량을 섭취했고, 가장 적은 그룹은 150㎎씩 섭취했다. 감귤류 과일 한 개에는 평균 45~50㎎의 플라바논 성분이 들어있다. 플라바논 섭취량의 95%는 감귤류 과일과 주스에서 얻었으며, 대부분 오렌지와 자몽이었다. 플라바논은 과일과 채소 외에 적포도주와 다크 초콜릿에서도 발견된다. 캐시디 박사는 이번 연구 결과에 대해 "감귤류 과일과 뇌졸중 발병 예방 간에 인과관계가 있다고 분명히 밝히진 못했으며, 여성만을 대상으로 한 한계가 있다"고 말했다.

그러나 미국 마이애미대학교 의과대학의 한나 가드너 교수는 "식습관과 뇌졸중 간의 관계에서 중요한 연구 결과"라면서 "추가 연구를 통해 관련성을 더욱 상세히 밝힐 필요가 있다"고 말했다. 이 같은 내용은 헬스데이 뉴스에 실렸다.

2) 뇌졸중 예방과 인지 능력 향상과 뇌 건강에 좋은 식품들

헤럴드시티 김슬기 기자는 뇌졸중의 원인과 함께 뇌의 건강을 돕는 슈퍼푸드에도 관심이 보인다고 했다. 최근 온라인 커뮤니티에 게재된 바 있는 게시물에 따르면 "뇌 건강에 좋은 슈퍼푸드는 연어, 견과류, 브로콜리, 달걀, 아보카도 그리고 다크 초콜릿 등이 있다"고 했다.

건망증은 뇌 기능을 향상하고 기억력을 유지하는 음식을 먹으면 도움이 된다. 미국의 건강 정보 사이트 헬스는 심하지 않을 때 생활습관의 개선으로도 회복할 수 있다고 하며, <인지닷컴>은 기억력 유지에 좋은 음식 베리류, 녹차, 다크 초콜릿, 올리브유, 아몬드 등 다섯 가지를 소개한다.

먹는 음식이 우리의 뇌와 동기 부여에 뚜렷한 영향을 줄 수 있다는 사실을 알고 있는 사람은 드물다. 세계보건기구(WHO)에 따르면 적절한 음식을 먹으면 지적 능력과 동기 부여 그리고 전반적인 생산성이 20% 증가한다. 미국의 경제매체 「아이엔씨닷컴」이 이런 사실에 근거해 업무 시 부진하거나 저조한 느낌이 들 때, 생산성 향상을 위해 먹으면 좋은 슈퍼푸드 연어, 베리류, 녹차, 견과류, 물, 바나나, 달걀, 현미 등 여덟 가지를 소개했다. 그 외에도 뇌졸중 예방과 뇌 기능 향상에 좋은 식품을 몇 가지 더 첨부하려 한다.

(1) 연어

고도 불포화 지방산의 하나인 DHA 함유량이 풍부해 뇌 건강 기능을 활성화하며, 치매 예방에 탁월하다고 알려졌다. 건강에 좋은 지방이 풍부한 생선은 생산성을 향상하는 데 좋은데, 그중에서도 연어는 탁월하다. 연어에는 오메가3 지방산이 풍부한데 이 성분은 기억력과 정신적 활동을 향상하며, 생산성을 저해하는 우울증을 개선하는 효과가 있다. 연구에 따르면 우울증 환자 28명이 8주 동안 일반적인 치료와 함께 오메가3 지방산을 섭취한 결과, 우울증 증상이 뚜렷하게 감소한 것으로 나타났다.

(2) 브로콜리

치매에 탁월한 효과인 엽산이 풍부하며, 비타민K와 콜린 성분 또한 풍부해 신경계 건강에 좋다. 아보카도의 불포화 지방산 리놀산은 스트레스에 시달리는 뇌를 돕는다. 또한 콜레스테롤의 산화와 분해를 막아 뇌의 혈액 순환을 원활하게 만들어 준다.

(3) 달걀

아침은 하루 중 가장 중요한 식사인데 이때 달걀을 먹으면 기억력을 증가시키고 업무 시 반응 속도를 빠르게 하는 데 도움이 된다. 이는 콜린이라는 비타민B 복합체의 한 성분이 들어있기 때문인데, 이 성분은 뇌의 반응 센서를 활발하게 하는 작용을 한다. 달걀의 레시틴 성분은 기억력 감퇴를 억제해 기억력을 좋게 해준다.

(4) 베리류

아사이베리, 블루베리 등 베리류에는 기억력을 향상해 주는 항산화 물질인 안토시아닌이 들어 있다. 3개월에 걸쳐 실시한 한 연구에서 블루베리 주스를 마신 노년층에서 기억 학습 능력이 현저히 개선된 것으로 나타났다.

항산화 성분이 많이 들어있는 베리류는 업무 현장에서 기억 기능을 향상하고 알츠하이머병이나 파킨슨병을 예방하는 효과가 있다.

(5) 녹차

녹차는 다른 에너지 음료와는 달리 부작용이 전혀 없는 천연 활력 증강제다. 녹차에는 섬유질과 항산화 물질의 하나인 폴리페놀을 비롯해 비타민과 미네랄, 카페인 등이 많이 들어있다. 이런 성분들은 콜레스테롤을 줄이고 당뇨병을 예방하며, 암의 성장과 전이를 늦추는 데도 도움이 된다. 녹차에는 항산화 성분이 풍부하게 들어 있으며 기억력을 재가동시키는 역할을 하는 성분도 들어 있다는 연구 결과가 있다.

(6) 견과류

아몬드, 호두, 잣 등 견과류에는 단백질과 몸에 좋은 천연 지방이 많이 들어있다. 또 항산화 성분인 비타민E와 아미노산도 풍부해 기억력과 뇌 활동을 향상한다. 특히 아몬드와 호두에는 두뇌 역량에 최고로 좋은 성분들이 들어있다.

(7) 물

우리 몸은 70%가 수분으로 구성돼 있어 신체 기능이 원활하게 작동하려면 물이 충분히 공급되어야 한다. 몸속 수분이 부족하게 되면 뇌를 비롯한 신체 기관들의 기능이 떨어지게 된다. 하루에 적어도 8잔 이상의 물을 마셔 뇌에 에너지를 공급함으로써 집중력을 높이고 더 명확하고 빠르게 생각할 수 있도록 해야 한다.

(8) 바나나

몸속 포도당은 에너지와 마찬가지다. 바나나는 에너지를 일으키는 성분들을 풍부하게 함유하고 있다. 바나나 한 개에는 하루에 필요한 포도당이 들어있다. 또한 과도한 탄수화물이나 설탕 등에서 얻은 것보다 훨씬 건강한 방법으로 포도당을 얻을 수 있다.

(9) 현미

마그네슘이 많이 들어있어 스트레스를 해소하고 생산성을 높이는 효과가 있다. 주요 비타민도 풍부해 신체가 적절하게 작동하도록 돕는다. 신체 작동이 원활할 때 인지 기능도 뛰어나게 돼 효율성을 증가시킨다.

(10) 다크 초콜릿

카카오 성분을 적어도 70% 이상 함유한 다크 초콜릿은 뇌로 혈액 공급을 늘려주는 플라보노이드를 지니고 있다. 다크 초콜릿의 카카오

속에 들어있는 플라바놀이 뇌 혈류 흐름을 원활히 해주고 뇌졸중 예방에도 좋다고 알려졌다.

(11) 올리브유

하이드록시타이로솔이라는 화학 물질을 함유하고 있는데, 이것은 뇌와 교신을 늘려 기억력을 향상한다.

(12) 아몬드

기억력을 좋게 하는 신경 물질의 생산을 촉진하는 단백질 성분을 가지고 있다.

(13) 아보카도

스트레스로부터 몸을 지키는 데 도움을 준다. 강력한 항산화제인 글루타티온이 들어 있어 산화한 손상을 일으키는 지방의 내장 흡수를 막는 작용을 한다. 스트레스 차단 효과가 큰 아보카도에는 루테인, 베타카로틴, 비타민E와 엽산이 많이 들어 있다.

3) 살 빼주고, 뇌졸중에도 좋은 세계인의 건강 차 TOP 6

따뜻한 차 한 잔에는 건강에 좋은 성분이 가득하므로 많은 사람이 즐겨 찾는다. 미국의 건강 정보 사이트 <리얼심플닷컴>이 세계에서 가장 많이 마시는 차 여섯 가지를, 건강에 좋은 점과 함께 소개했다.

(1) 녹차

녹차에는 카테킨이라는 항산화제가 풍부한데, 카테킨은 암에서부터 심장 질환까지 물리치는 효력을 가진 것으로 알려져 있다. 한 연구에 따르면, 매일 녹차를 한 잔 마시면 심혈관계 질환의 위험을 10%까지 낮출 수 있다고 한다.

(2) 홍차

홍차는 세계 차 소비량의 75%를 차지하고 있어, 흔하고 많이 마신다. 다른 여러 차와 마찬가지로 차나무의 잎으로 만든다. 홍차는 약간 쓴맛인데, 카페인이 한 컵에 약 40mg으로 많이 들어있다(커피는 한 잔에 50~100mg). 홍차에는 테아플라빈, 테아루비긴 등의 항산화제가 많이 들어있다. 이런 항산화제들은 콜레스테롤의 수치를 낮추는 역할을 한다. 하루에 세잔 이상 마시는 사람은 뇌졸중의 위험이 21%나 낮다는 연구 결과도 있다.

(3) 우롱차

홍차와 비슷하지만, 홍차보다 더 짧은 시간에 발효시킨 것이어서 더욱 풍부한 맛을 지니고 있다. 한 컵에 약 30mg의 카페인이 들어있다. 우롱차는 체중 감소에 도움이 된다. 우롱차는 중성지방을 분해하는 효소를 활성화한다. 한 연구에서 우롱차를 마시는 여성은 물만 마시는 사람들보다 두 시간 동안 칼로리를 더 태운 것으로 나타났다.

(4) 백차

백차는 중국차 중의 한 가지로 가장 낮은 정도의 발효차다. 차나무의 잎이 아주 어릴 때 딴다. 그래서 다른 차들보다 더 부드러운 맛을 지닌다. 물론 카페인도 한 컵에 15mg으로 적다. 백차도 다른 차들처럼 심혈관계 질환과 암을 예방하는 기능이 있다. 일부 연구에 따르면 당뇨 환자에게도 이롭다고 한다. 동물 실험에서는 백차를 마시면 포도당 내성을 개선하고 나쁜 콜레스테롤(LDL)을 줄여준다는 결과가 나오기도 했는데, 이는 사람들에게도 적용될 수 있다고 한다.

(5) 허브차

기술적으로 허브차는 차가 아니다. 보통 말린 과일, 꽃, 향초를 섞은 것이다. 향초 성분에는 카페인이 없다. 체중 감소를 내세운 허브차 피하는 게 좋다. 설사성 하제가 들어있을 수 있기 때문이다. 영양학 저널에 실린 한 연구에 의하면 고혈압일 경우 매일 히비스커스 차 3컵을 마시면 혈압을 낮출 수 있다고 한다. 또 카밀러(Camomile) 차는 잠을 자게 해주고, 페퍼민트 차는 뱃속을 편안하게 해준다고 한다.

(6) 향차

홍차, 녹차, 백차의 잎들에 계피, 오렌지 껍질, 라벤더 같은 향기 있는 다른 물질을 섞은 것이다. 향차는 다른 차들과 같은 수준의 항산화제가 있고, 향을 넣지 않은 차들과 건강상에서도 같은 이점이 있다.

특히 블루베리 같은 과일을 더한 것은 항산화제가 더 많이 있다고 할 수 있다. 그러나 설탕이나 감미료를 넣지 않은 것을 먹어야 한다.

II. 스트레스가 만병의 원인

　나날이 복잡해지는 사회 속에서 현대인들은 누구나 스트레스를 경험하며 살아가고 있다. 스트레스의 어원은 "팽팽히 조인다"라는 뜻의 stringer(긴장)라는 라틴어로, 우리가 생각하는 것과 달리 긍정적인 면과 부정적인 면의 두 얼굴을 가지고 있다. 스트레스는 내외부의 변화나 부담 등으로 작용하는데, 적절히 대응하여 향후 삶이 더 나아질 수 있다면 '긍정적 스트레스'가 되지만, 자신의 대처나 적응에도 불구하고 지속되어 불안이나 우울 등의 증상을 일으키는 경우 '부정적 스트레스'가 되어 우리 몸에서 만병의 근원이 될 수 있다. 심리학자 래저러스(Lazarus)는 같은 스트레스 요인이라고 할지라도 받아들이는 사람에 따라 긍정적 스트레스로 작용하느냐, 부정적 스트레스로 작용하느냐가 달라질 수 있다고 보고 있다.

1. 스트레스가 인체에 미치는 영향

스트레스를 받으면 심리적으로는 초기에 초조, 걱정, 근심 등의 불안 증상이 발생하고 점차 우울 증상이 나타나며, 대부분 불안이나 우울 증상은 스트레스가 지나가면 사라지게 된다. 그러나 스트레스가 너무 과도하게 오래 지속되는 경우, 상황을 이겨낼 힘이 약화하여 있는 경우, 정신 건강 악화로 이어질 수 있다.

신체적으로는 심장이 두근거리거나 호흡수 증가로 인해 심장, 간, 근육, 혈관에 부담을 주게 되어 두통, 요통, 목 뻣뻣함, 구토, 속 쓰림, 변비, 현기증, 흉통, 피부 발진, 발한, 과호흡, 천식, 만성 피로, 체중의 증가 또는 감소 등이 나타난다. 스트레스로 인해 안절부절못하거나 과식, 과음, 폭력적 언행, 과잉행동, 충동적인 행동 등의 경고 신호가 나타나기도 한다.

(1) 면역 기능 저하

장기간 스트레스를 받으면 면역 기능이 떨어져 질병에 걸리기 쉬운 상태가 된다. 다양한 정신 신체성 장애는 물론이고, 암과 같은 심각한 질환에도 영향을 주는 것으로 알려졌다.

(2) 정신 질환

장기간 스트레스를 받으면 적응장애, 불안장애, 기분장애, 식이장애, 성기능 장애, 수면장애, 화병 등의 각종 정신 질환에 걸릴 수 있다.

(3) 신체 질환

장기간 스트레스를 받으면 혈압 상승으로 협심증, 허혈 심장 질환, 뇌출혈, 뇌혈관 장애, 당뇨병, 두통 등이 발병할 위험이 커진다. 또한 교감 신경의 흥분으로 그것을 억제하고 있는 부교감 신경도 계속 흥분하게 되어 부교감 신경이 지배하고 있는 소화 기관 이상으로 과민대장 증후군, 위궤양, 위염 등의 위장질환, 변비, 설사 등이 나타나기도 한다.

내과 입원 환자의 70%가 스트레스와 연관되어 있다는 연구 결과만 보더라도 스트레스가 신체 질환의 발생과 악화 요인으로 크게 작용한다는 사실을 알 수 있으므로 이에 대한 주의가 필요하다.

2. 스트레스 해소에 좋은 음식 열여섯 가지

스트레스를 받으면 자기도 모르게 음식을 더 많이 먹게 된다. 이유는 뇌의 화학 작용 때문이라는 연구 결과가 있다. 이럴 때 스트레스를 완화하는 데 좋은 음식을 먹으면 건강에 도움이 된다. 미국의 경제전문 매체인 「월스트리트 치트 시트」가 스트레스 해소에 좋은 과일과 채소, 고구마, 아스파라거스, 아보카도, 당근, 시금치 등 여섯 가지를 소개했다.

스트레스 해소 음식 일곱 가지가 공개돼 눈길을 끌고 있다. 현대인들은 매일 크고 작은 스트레스를 받으면서 저마다 이를 해소할 방법을 찾는다. 평소에 무심코 먹는 음식들도 일상에서 오는 근심을 더는 데 도움을 줄 수 있다. 최근 미국의 여성 잡지 「위민스 헬스」가 소개한 스트레스 해소 음식 일곱 가지를 알아본다. 이상 열세 가지 중, 중복되는 식품을 빼고 여기에 신선한 과일과 채소, 생선과 저지방 육류, 우유, 현미를 추가했다.

(1) 고구마

탄수화물이나 당분이 잔뜩 든 간식을 먹고 싶은 욕망을 잠재울 수 있는 좋은 식품이다. 고구마는 체내에서 서서히 처리되는 영양소를 풍부하게 제공한다. 연구에 따르면 고구마에는 식이섬유를 비롯해 베타카로틴과 비타민이 많이 들어 있어 오랫동안 포만감을 느끼게 하고 스트레스를 감소하는 효능이 있는 것으로 나타났다. 고구마에는 항암 효과, 노화 방지, 소화 기능 개선 기능을 가진 카로티노이드 성분과 위장을 보호하는 섬유질이 풍부하게 들어 있다. 단맛을 내면서 혈당을 높이지 않는 것도 스트레스 해소에 좋은 이유다.

(2) 아스파라거스

엽산이 풍부하게 들어 있다. 엽산은 기분을 상쾌하게 하는 효능이 있다. 엽산은 기분을 고조시키고, 긴장된 상황에서 섭취하면 좋은 음식으로 꼽힌다.

(3) 오렌지

스트레스를 받았을 때 나오는 호르몬인 코르티솔과 혈압을 정상적으로 돌리는 역할을 하는 비타민C가 풍부하게 들어 있다. 스트레스가 있을 때 신체는 처지는 경향이 있는데 이때 비타민C는 면역체계를 강화해 원기를 되찾는 데 도움을 준다.

(4) 아보카도

스트레스로부터 몸을 지키는 데 도움을 준다. 강력한 항산화제인 글루타티온이 들어 있어 산화한 손상을 일으키는 지방의 내장 흡수를 막는 작용을 한다. 스트레스 차단 효과가 큰 아보카도에는 루테인, 베타카로틴, 비타민E와 엽산이 많이 들어 있다.

(5) 당근

칼로리는 낮고 스트레스를 물리치는 영양소를 많이 함유하고 있어 완벽한 간식으로 꼽힌다. 셀러리도 같은 효능을 지니고 있다.

(6) 시금치

마음을 편안하게 하는 효과가 있다는 게 연구로 입증됐다. 시금치에는 스트레스 호르몬인 코르티솔을 조절하는 마그네슘이 들어 있다. 코르티솔 수치를 조절함으로써 기분 좋은 느낌이 들게 한다.

(7) 다크 초콜렛

강력한 엔도르핀을 생성해 스트레스 해소를 돕는다. 스트레스를 받으면 우리 몸에서는 스트레스에 반응하는 코티솔 호르몬이 비정상적으로 분비되면서 식욕을 느끼게 한다. 이때 단것을 먹으면 뇌가 '행복 호르몬'이라고 알려진 세로토닌을 분비해 편안한 기분을 느끼게 한다.

(8) 견과류

호두와 피스타치오, 잣, 캐슈너트와 호박씨 등의 씨앗도 혈압을 낮춰 스트레스를 해소하는 데 도움이 된다. 호두에 들어있는 오메가3 지방산은 우울증을 감소하는 효능이 있으며, 아몬드의 페닐알라닌 성분은 엔도르핀을 활성화해 부정적인 생각을 잊게 하는 효과가 있다.

(9) 요구르트와 카레

이 역시 기분을 좋게 하는 음식이다. 요구르트에는 기분을 좋게 만드는 신경 전달 물질의 분비를 돕는 단백질과 칼슘이 많이 들어있다. 카레의 커큐민 성분은 스트레스에 대항하는 뇌의 주요 부위를 보호한다. 고추의 캡사이신 성분도 엔도르핀 분비를 촉진한다.

(10) 녹차와 와인

이것으로도 스트레스를 풀 수 있다. 녹차 속 테아닌은 몸을 진정시키며 카페인은 집중력을 높여 준다. 가벼운 와인 몇 잔은 혈압을 낮추고 긴장감을 풀어 준다. 와인 속 플라보노이드 성분은 정맥벽을 강화해 다리가 붓거나 무거운 증상을 개선하는 데 좋다고 알려졌다.

(11~12) 신선한 과일과 채소

이것은 비타민과 무기질이 많이 함유되어 있어 스트레스로 인해 소모가 많아진 영양소를 보충할 수 있다.

(13~14) 생선과 저지방육류

이 둘은 스트레스로 변화된 생리적 기능에 대처하기 위한 양질의 단백질을 많이 함유하고 있다.

(15) 우유

양질의 단백질, 비타민, 무기질이 풍부하고 천연 수면 유도제인 트립토판은 잠이 잘 오게 한다.

(16) 현미

비타민과 무기질이 풍부하고 섬유질이 많아 배설 활동을 돕는다.

3. 고추의 매운맛, 스트레스 해소에 건강까지

유난히 스트레스를 많이 받는 날이면 고추를 넣은 매콤한 음식이 생각나곤 한다. 매운 음식을 먹으면 스트레스가 풀리는 기분이 들기 때문이다. 정말로 매운 음식을 먹으면 스트레스가 풀릴까? 답은 '그렇다'. 고추의 매운맛은 실제로 스트레스를 해소하고, 건강에도 좋다. 고추의 매운맛에 대해 알아보자.

1) 매운맛과 스트레스

매운맛과 스트레스는 실제로 연관성이 있다. 매운맛은 다른 맛(단맛, 신맛, 쓴맛, 짠맛)과 달리, 혀에서 통증으로 인식된다. 매운맛을 내는 성분이 혀 표면에 달라붙어 통증으로 인식되면 통증을 줄이기 위해 우리 몸은 진통 역할을 하는 엔도르핀을 방출한다. 매운 음식을 먹으면 스트레스가 풀리는 기분이 드는 것은 이 때문이다.

2) 매운맛을 내는 이유는 캡사이신

고추가 매운맛이 나는 이유는 바로 캡사이신이라는 성분 때문이다. 매운 음식을 먹었을 때 체온이 높아지는 것 역시 캡사이신이 혈관을 확장해 혈액 순환을 잘 되게 해서다. 캡사이신은 위산 분비를 촉진하고 단백질 소화를 도우며, 장내에서 세균의 번식을 막는 젖산균의 발육을 돕는 기능을 한다. 또 면역력을 증진해 호흡기 계통에 감염을 예방하고 질병의 회복을 돕는다. 매운 음식을 먹고 물을 아무리 마셔도 매운맛이 가시지 않는 이유는 캡사이신이 물에 잘 녹지 않는 성질을 가져서다. 캡사이신은 물 대신 기름에 잘 녹는 성질이기 때문에 도저히 매운맛을 못 참겠다면 식용유로 입을 헹구는 것이 캡사이신을 효과적으로 제거하는 방법이다.

고추에는 캡사이신 이외에도 건강에 좋은 성분이 다량 들어있다. 그중 가장 많이 들어있는 성분은 바로 베타카로틴과 비타민C이다.

베타카로틴은 우리 몸의 활성 산소가 세포를 손상해 노화를 부추기고 암세포를 만드는 것을 막아준다. 또 베타카로틴은 비타민A의 전구체로 눈 건강에도 좋다.

4. 암도 스트레스도 줄이는 건강 차 효능 네 가지

환절기는 따뜻한 차 한 잔이 마음을 푸근하게 하는 계절이다. 날씨가 점점 쌀쌀해지는 때에 차는 이런 정서적 효과뿐만 아니라 건강에도 직접적으로 효과가 있다. 미국의 건강 의료 정보 사이트 <헬스닷컴>(Health.com)이 차의 건강 효능 네 가지를 소개했다.

1) 난소암 위험을 낮춘다

「미국임상영양학저널」(*The American Journal of Clinical Nutrition*)에 실린 최근 연구에 따르면, 매일 홍차를 마시는 사람은 난소암 발병 위험이 31% 감소하는 것으로 나타났다.

연구팀은 25~55세 사이의 여성 17만 명을 대상으로 30년 동안의 식습관을 조사해 이 같은 결과를 내놨다. 이에 의하면 홍차나 녹차를 비롯해 감귤류와 주스, 사과, 레드와인 등을 통해 항산화제의 일종인 플라보노이드를 많이 섭취한 여성들은 난소암에 걸릴 가능성이 작아지는 것으로 조사됐다.

2) 혈압을 떨어뜨린다

「영국영양학저널」(*The British Journal of Nutrition*)에 게재된 스물다섯 가지의 연구 결과를 분석한 논문에 따르면, 12주 동안 매일 홍차나 녹차를 마신 사람들은 이보다 짧은 기간 차를 마신 사람들보다 혈압이 크게 낮아지는 것으로 나타났다. 혈압을 낮추는 효과는 홍차보다 녹차가 더 큰 것으로 드러났다.

3) 췌장암 위험을 감소한다

「암 역학 저널」(*The journal Cancer Epidemiology*)에 실린 연구에 따르면, 녹차를 자주 마시면 췌장암 발병 위험이 크게 줄어드는 것으로 나타났다. 중국 성인들을 대상으로 한 이 연구에서 특히 여성에게 이런 효과가 큰 것으로 드러났다. 녹차를 꾸준히 마시는 여성은 그렇지 않은 여성에 비해 췌장암 발병 위험이 32% 낮았다.

4) 스트레스를 줄인다

「생리 인류학 저널」(*The Journal of Physiological Anthropology*)에 실린 연구에 따르면, 녹차와 백차가 마음을 안정시키는 데 도움이 되는 것으로 나타났다. 연구팀이 실험 참여자에게 스트레스를 받게 하는 업무를 시키고 녹차와 백차, 따뜻한 물을 마시게 한 결과, 녹차와 백차를 마신 사람의 타액에서는 물을 마신 사람보다 스트레스 표지가 적은 것으로 나타났다.

5. 만병의 근원, 스트레스 즉각 날리는 법 여섯 가지

만병의 근원으로 꼽히는 스트레스. 어떻게 해야 쉽게 해소할 수 있을까. 미국 인터넷 매체 「허핑턴포스트」가 전문가들의 조언을 토대로 스트레스를 즉시 날리는 방법 여섯 가지를 소개했다.

1) 자연 음 듣기

대양이나 열대우림, 개울 등의 자연 풍광에서 나오는 소리를 1~2분 정도 들어보라. 요즘에는 이런 자연 음을 들려주는 앱이 많이 나와 있다. 고래나 새, 고양이 소리도 좋다. 이런 자연의 소리는 스트레스 호르몬이 생산되는 것을 막는다.

2) 소리 내어 웃기

예전에 재미있던 기억을 떠올리며 짧게라도 웃어라. 연구에 따르면 웃음은 두뇌에서 천연 진통제로 불리는 엔도르핀을 샘솟게 하고, 근육은 이완시키는 것으로 나타났다.

3) 심호흡

1분 정도만 깊게 숨을 들이켰다. 뱉는 것을 반복해 보라. 정신과 신체가 생기를 되찾는 데 도움이 된다. 연구에 의하면 심호흡하면서 명상을 잠깐만 해도 신체의 스트레스 반응이 휴식 반응으로 바뀌는 것으로 나타났다.

4) 천연오일

냄새를 처리하는 뇌의 부위는 감정과 기억력을 관장하는 부위 가까이에 있다. 따라서 향기는 즐거운 감정을 유도하고, 마음을 안정시키는 데 아주 강력한 수단이 될 수 있다. 일랑일랑이나 페퍼민트, 라벤더 향이 나는 천연오일을 책상 주변에 배치해 놓거나 피부에 조금만 발라도 스트레스를 없앨 수 있다.

5) 목과 어깨 마사지

목과 어깨는 소위 '스트레스 삼각 지대'로 불리는 곳이다. 이곳을 마사지해 보자. 하던 일을 멈추고 목과 어깨 부위 근육의 긴장 상태가 풀리도록 마사지하면 스트레스로 인한 긴장감도 사라진다.

6) 춤추기

춤을 추면 몸의 긴장이 누그러지고, 기분도 좋아진다. 어떤 모양의 춤동작이건 엔도르핀을 솟아오르게 만든다. 컴퓨터 앞에서 물러나 헤드폰으로 자기가 좋아하는 음악을 들으며 1분 정도만 몸을 흔들어 보자. 기분이 아주 좋아질 것이다.

제 2 장

면역력 강화

― 노화야 멈춰라

현대인들은 야생화처럼 튼튼해야 할 몸을 온실의 화초처럼 약화하고 있다. 자신의 잘못된 식·생활 습관이 병을 만든다. 과도한 노동이나 지나친 안락한 생활이 질병의 원인이 되기도 한다. "병을 만든 것은 나 자신이다"는 말이다. 결국 병에 대한 책임도 병을 만든 환자 자신이 지고 갈 수밖에 없다. 우리는 어떻게 질병에서 자유 할 수 있을까? 우리는 그에 대한 해답을 면역력에서 찾을 수 있다. 면역은 우리 몸을 깨우고 질병을 예방하고 치료하며 재발을 막아주는 내 몸의 주치의인 셈이다. 시대가 변하면 질병도 변하고 치료제도 변하지만, 가장 기본적이고도 중요한 면역은 가장 오랫동안 인간의 건강과 수명에 뗄 수 없는 관계를 유지해 왔다.

환자는 의사가 자신의 병을 고쳐 줄 것이라고 믿지만, 결과는 참담하기 이를 데 없다. 특히 난치병이나 성인병으로 알려진 질병 대부분 질병은 치료받아도 낫기는커녕 더 악화하거나, 재발하는 경우가 허다하다. 현대 의학에서는 이러한 만성적 질병을 원인 불명의 병으로 단정하고, 대증요법(병의 원인이 아니라 증세에 관해서만 실시하는 치료법)의 약 처방을 하기 때문이다. 병원을 찾은 환자는 의사가 모든 책임을 지고 자신을 치료해 줄 것이라 믿어서는 안 된다. 의사는 다만 조언자요, 조력자라는 인식의 전환이 필요하다. 자신의 병의 근원을 치료할 사람은 다름 아닌 본인밖에 없기 때문이다. 병을 고치는 것은 환자 자신의 의지에 달렸다. 질병을 치료하는 주체는 환자 자신이어야 한다는 말이다. 자기 몸의 면역력을 강화하는 일이 질병에서 벗어날 수 있는 지름길임을 깨닫고, 이를 실천에 옮기는 일이 중요하다.

태초부터 신이 인간에게 부여해준 선물인 면역력! 우리는 일상생활에서 경험할 수 있는 면역의 힘을 이해하고, 스스로 면역을 키울 수 있는 구체적인 방법들을 배워야 한다. 우리 몸의 면역을 높이는 데는 다양한 방법이 있지만, 무엇보다도 매일 먹는 음식이 면역을 유지하고 증진하는 기본임을 잊어서는 안 된다. 우리 몸의 면역을 높이는 대표적인 식품이 무엇인지 알아보도록 하자.

I. 면역력 강화

1. 비타민C는 왜 몸에 좋을까?

비타민C가 몸에 좋다는 말은 우리 생활 속에서 모를 수 없는 기본 상식으로 자리 잡고 있다. 하지만 비타민C가 어떻게 좋고, 어떤 효능이 있는지를 자세히 알고 있는 사람은 드물다. 비타민C의 효능을 살펴보도록 하자.

비타민C의 효능

1) 항산화 기능, 피로 해소

우리 인체는 일상의 활동 속에서 대사 작용을 통해 해로운 산소, 곧 활성 산소를 만들어내게 되는데, 활동량이 많거나 심한 스트레스를 받게 되면 활성 산소가 더욱 늘어나면서 피로감이 증가한다. 비타민C

는 대표적인 항산화제로 활성 산소의 작용을 막아주는 좋은 영양소이면서, 쉽게 구할 수 있어 오랫동안 피로회복제의 주성분으로 사용해왔다. 하지만 비타민C의 기능은 단순히 피로회복제에 머무는 것이 아니다. 왜냐하면, 활성 산소는 피로를 증가시키는 것뿐 아니라 노화는 물론 암, 외에도 여러 가지 질병의 진행에 관여하는 것으로 알려졌기 때문이다. 따라서 비타민C는 항노화 효과뿐만 아니라, 질병 예방에도 효과가 탁월하다.

2) 면역 증진, 호르몬 생성, 혈당 조절 등

비타민C는 항산화라는 방어 역할 이외에도, 콜라겐 합성, 혈당 조절, 콜레스테롤 수치 조절, 면역 증진, 호르몬 생성 과정에 작용하는 등, 여러 가지 중요한 역할을 하는 우리 몸에 꼭 필요한 필수 영양소다. 감기 예방에 비타민C가 도움이 된다는 사실은 널리 알려져 있다. 비타민C는 혈액을 묽게 해서 혈액 순환 개선에 도움이 되고, 혈압을 낮추는 효과가 있음도 다수 논문에 의해 입증되었다.

3) 면역력 높여 각종 질환 예방

예전에 바다를 오랫동안 항해하는 선원이나 해적들은 괴혈병에 시달렸다. 괴혈병은 비타민C 부족이 3개월 이상 진행되면 증상이 나타나는 질환이다. 괴혈병에 걸리면 출혈, 전신 권태감, 피로, 식욕 부진 등이 나타나며, 피부가 건조해져 거칠어지다가 결국 피하 출혈이 나타난다. 괴혈병뿐만 아니라 비타민C는 여러 가지 질환의 예방과 치료에 도움이 된다. 비타민C는 대표적인 항산화 영양소다. 항산화 영양소는 세포 손상을 유발하는 유해 산소로부터 인체를 보호한다. 비타민C는 면역력을 증강해 감기를 퇴치하고, 잇몸병, 여드름, 기관 지염, 위궤양, 방광과 전립샘 감염, 치료에도 도움이 된다.

비타민C는 암세포 증식 억제 효과를 비롯해 몸속에 쌓인 납과 수은 등 중금속을 배출할 뿐만 아니라, 장에서 흡수되는 것을 막는다는 연구도 있다. 또 콜라겐 생산을 촉진해 햇살에 따른 피부 노화를 방지하고 뼈 손실을 줄여주며, 혈압을 낮추는 데에도 효과가 있다. 이런 비타민C는 우리 몸속에서 생산이 되지 않는다. 비타민C를 많이 함유한 감, 딸기, 오렌지, 레몬, 고추, 귤, 브로콜리, 키위 등의 과일과 채소 등 음식을 통해 섭취할 수밖에 없다. 비타민C는 이런 천연식품에서 섭취하는 게 가장 좋다.

미국 폭스뉴스 건강 뉴스 담당 편집자인 매니 알바레즈 박사는 "비타민C는 보충제를 통해 얻을 수도 있다"고 말한다. 그렇다면 비타민C는 하루에 어느 정도 섭취해야 할까. 미국 식품영양위원회는 18세 이상의 남성은 하루에 90mg을, 여성은 75mg을 섭취하라고 권장하고 있다.

비타민C가 피부에 미치는 영향

　조원아 피부과 전문의는 "비타민C는 피부를 맑고 건강한 아름다움을 유지하는 데 큰 역할을 한다"고 했다. 자외선은 우리 피부에 활성산소를 만들어냄으로써 피부 장벽을 손상하고 색소 침착, 주름과 거친 피부 결 등 노화를 유발한다. 그런데 비타민C는 항산화 기능을 통해 자외선에 의해 피부가 노화되는 것을 억제해줄 수 있다. 흔히 바르는 미백제로 화장품이나 피부과에서 사용된다. 미백 효과 이외에도 꾸준히 피부를 통해 공급된 비타민C는 콜라겐을 안정시키고 생성을 촉진하는 등의 작용을 하므로 작은 모공, 탄력 있고 부드러운 피부 결, 주름 없는 탱탱한 피부를 유지하는 데 도움을 줄 수 있다.

　또한 비타민C는 피부의 세균 등에 방어기능을 높이고 피부 장벽을 튼튼하게 해줌으로써 아토피나 지루피부염 등 다양한 습진성 질환을 개선하는 데 도움이 되는데, 바르는 것보다 꾸준히 먹거나 주사로 전신에 투여해주는 비타민C가 특히 도움이 된다. 그러므로 비타민을 이용한 항산화 주사, 먹는 비타민C와 함께 비타민C를 포함한 다양한 항산화제를 피부에 투여하는 등의 치료를 함께 꾸준히 병행한다면, 더 효과적으로 탄력 있는 동안 피부, 투명하고 맑은 피부, 건강한 피부를 기대해볼 수 있다.

2. 내 몸의 철갑 면역력 높여 주는 식품 여덟 가지

외부에서 들어온 병원균에 저항하는 힘, 즉 면역력을 강화하면 질병에 걸리지 않고 건강을 유지할 수 있다. 자연적인 면역력은 음식을 통해서 향상할 수가 있다. 패션 잡지 「바자」(BAZAAR)가 면역력을 높이는 음식 여덟 가지를 소개했다.

(1) 마늘

최고의 천연 면역력 증강제로 꼽힌다. 마늘에는 셀레늄과 마그네슘, 비타민B6, 항염증 성분들이 들어있다. 이런 성분들은 세균을 격퇴하고 심장을 보호하는 효능이 있다.

(2) 생강

바이러스에 감염된 세포를 파괴하는 면역세포인 T세포의 활동을 촉진하는 효능이 있다. 생강은 점액의 생산을 억제해 점액에 의해 콧구멍 등이 막히는 현상을 없앤다.

(3) 고구마

베타-카로틴과 비타민A가 많이 들어있어 면역체계를 강화하는 효능이 있다. 또한 몸속의 미생물을 배출해 기도(숨길)와 소화관, 피부의 점막 표면이 건강하게 유지되는 데 도움이 된다.

(4) 연어

오메가3 지방산과 비타민D가 풍부하게 들어있다. 오메가3 지방산은 백혈구의 기능을 향상함으로써 면역체계를 강화하는 효능이 있다. 또 비타민D는 면역체계를 도와 유해 세균과 바이러스를 죽이는 효능이 있다.

(5) 강황

카레의 재료로 유명한 강황에는 커큐민이라는 성분이 들어있다. 커큐민은 항산화제로서 염증을 없애는 강력한 효능이 있다. 연구에 따르면, 커큐민은 면역체계의 단백질 수치를 증가시켜 우리 몸이 유해 세균이나 바이러스를 격퇴하는 데 도움이 된다.

(6) 아연

굴, 구운 고기, 게, 바닷가재, 다크 초콜릿, 땅콩 등에는 천연 아연이 많이 들어있다. 이 성분은 면역 반응을 조절하고 감염되거나 중독된 세포를 격퇴하며, 감기를 누그러뜨리는 효능이 있다.

(7) 녹색 잎채소

시금치, 케일, 파슬리, 셀러리 등의 녹색 잎채소에는 엽록소가 풍부하다. 이 성분은 소화 작용을 촉진하고 해로운 환경 독소를 제거하며, 간 기능을 돕는 효능이 있다.

(8) 단백질

살코기와 생선, 달걀뿐만 아니라 콩과 견과류, 씨앗 등에 많이 든 단백질은 면역 기능을 포함해 여러 가지 생물학적 과정에서 꼭 필요한 요소다. 특히 퀴노아라는 곡물은 글루텐은 전혀 없고 아미노산을 풍부하게 간직한 완벽한 단백질 보고로서 몸속의 독소를 청소하고 면역력이 증강되는 효능이 있다.

3. 갑자기 추워진 날씨 면역력 높이는 슈퍼푸드 일곱 가지

헤럴드경제 김태열 기자는 갑작스러운 기온 변화로 신체 리듬이 깨지고 면역력이 떨어지기 쉬운 환절기, 기온이 내려가면 면역력이 떨어진다. 주변에 점차 감기를 앓는 사람들이 증가하는 것으로 보아 면역력이 저하되는 현상이 나타나고 있다. 면역력이 약해지면 감기는 물론 심할 경우 폐렴에 걸릴 위험도 있다. 환절기, 우리 몸을 건강하게 지켜주면서 면역력을 증강하는 슈퍼푸드 일곱 가지를 소개한다.

(1) 버섯

버섯은 허준의 「동의보감」에도 '기운을 돋우고 식욕을 증진해 위장을 튼튼하게 해 준다'고 기록되어 있다. 버섯은 콜레스테롤을 낮춰주고 비만, 변비를 막아주며 암을 예방하는 웰빙 장수 식품으로 주목받고 있는데, 이 같은 효능의 중심엔 '베타글루칸'이 있다. 이 성분은 우리 몸의 콜레스테롤을 낮추고 항암 효과에 탁월하다. 또한 버섯은 90% 이상이 수분이고 식이섬유가 풍부해 '만병의 근원'이라는 변비 예방 및 치료에 유효하다. 우리나라 국민이 가장 즐겨 먹는 버섯 중 하나인 표고버섯은 '렌티난'(다당류의 일종)이 함유되어 있는데, 이 렌티난은 암 예방을 돕고, 신체의 면역력을 높이며, 항바이러스효과를 나타내는 물질로 알려져 있다.

또한 "냄새는 송이버섯, 맛은 자연 송이"라는 말처럼 향기로운 솔 냄새가 나는 송이버섯은 조선의 왕 가운데 최장수 왕으로 손꼽히는 영조(82세까지 생존)가 즐겨 먹던 음식으로 손꼽히며, 동의보감에도 "버섯 중 가장 맛이 좋으며, 기운을 돋게 하는 효능이 있다"고 기술되어 있다.

(2) 단호박

"호박이 넝쿨째 들어온다", "호박에 줄 긋는다고 수박 되나" 등의 속담은 호박 측면에서 보면 너무 억울한 말이다. 특히 후자는 수박이 호박보다 열등하다는 의미를 담고 있는데, 겉은 몰라도 속(영양)은 호박이 낫다는 것이 영양학자들의 공통된 평가이다.

호박은 속살이 노란 대표적인 옐로우 푸드로 노란색의 정체는 '베타카로틴'으로 이것이 체내로 들어오면 비타민A로 바뀌는데, 베타카로틴은 유해 산소를 없애는 항산화 성분으로 노화를 억제하고, 암 · 심장병 · 뇌졸중 등 성인병을 예방해준다. 또한 체내 신경 조직을 강화해주어 각종 업무로 쌓인 스트레스와 불면증을 해소하는 데 효과적이다. 조금만 먹어도 포만감이 느껴지는 만큼 찐 다음 마요네즈나 요구르트에 함께 섞어 샐러드를 만들어 먹거나 빵과 함께 곁들이면 든든한 한 끼 식사가 된다. 기운 없고 면역력이 떨어졌을 땐 단호박이 좋다.

(3) 사과

"하루에 사과 한 개씩만 먹으면 의사가 필요 없다"는 영국 속담이 있을 정도로, 사과는 '과일의 여왕'이자 대표적인 '가을 과일'이다. 사과는 칼륨 · 비타민C · 유기산 · 펙틴 · 플라보노이드 등이 풍부하게 들어 있으며, 특히 칼륨은 소금 성분인 나트륨을 몸 밖으로 매출하는 미네랄이 풍부해 고혈압 환자에게도 아주 좋다. 사과에 풍부한 유기산은 피로를 풀어주는 동시에 면역력을 증강해주고, 식이섬유의 일종인 '펙틴'은 혈중 콜레스테롤과 혈당을 낮춰주며, 플라보노이드 성분은 동맥에 찌꺼기가 쌓이는 것을 막아주는 만큼 심장병 등과 같은 혈관질환과 암 예방에 이로운 것으로 알려져 있다. 또한 "사과 나는데 미인 난다"는 우리나라 속담이 있는 것처럼 사과의 비타민C는 푸석푸석해진 피부에 영양을 회복시켜준다.

(4) 감

가을철 대표 과일인 감은 "잎이 무성한 감나무 밑에 서 있기만 해도 건강해진다"는 말이 있을 정도로 포도당과 과당이 많이 들어있어 먹으면 금세 힘이 나고 피로가 풀리는 과일이다. 피부 미용과 감기 예방에 좋은 비타민C와 A, B까지 모두 갖고 있어, 비타민의 끝판왕이라고 불린다. 열매뿐만 아니라 감잎에도 비타민C와 폴리페놀이 풍부해 항산화 효과를 내기 때문에 따뜻한 감잎차 한 잔이면 고혈압, 심장병, 동맥 경화증을 한 방에 예방할 수 있다. 단, 변비·빈혈·저혈압이 있는 사람이나 임신부는 감의 타닌 성분이 지닌 수렴 효과로 인해 철분과 결합해 체외로 함께 빠져나갈 수 있기 때문에 주의해야 한다.

(5) 고등어

고등어에는 단백질도 풍부하고, 등 푸른 생선인 만큼 필수 지방산인 오메가3이 아주 풍부하다. 동맥 순환을 향상해 노화를 늦추고, 면역력을 기르는 효능이 있다. 그뿐만 아니라 DHA 성분이 풍부하게 함유되어 있어 뇌세포를 성장, 발달시켜주어 두뇌 회전을 원활하게 해주기 때문에 기억력과 학습 능력 향상이 필요한 수험생에게도 좋은 슈퍼푸드가 된다.

(6) 당근

가을 당근은 연하고 수분이 많으며 맛이 좋다. 칼슘·비타민A·비타민C·식이섬유가 풍부하다는 것이 영양상의 강점이다. 이 중 뭐니뭐니 해도 당근의 대표적인 웰빙 성분은 오렌지색 색소이자 카로틴의 일종인 베타카로틴이다. 베타카로틴이 몸 안에 들어가 비타민A로 바뀌고, 비타민C·E와 함께 3대 항산화 비타민으로 손꼽히며 체내에서 유해 산소를 없애주는 것 외에도 노화 억제와 면역력 증강, 암 예방에 효과적이다.

(7) 무

"겨울에 무, 여름에 생강을 먹으면 의사를 볼 필요가 없다", "겨울 무 먹고 트림하지 않으면 인삼 먹은 것보다 효과가 있다" 등 겨울 무에 대한 예찬 속담이 많듯, 우리 선조들은 봄 무부터 겨울 무까지 즐겨 먹었다. 그중에도 건강에 이로운 무로 겨울 무를 꼽았다. 겨울 무에는 식이섬유, 비타민C 엽산 등 비타민, 칼슘·칼륨 등 미네랄이 풍부하다. 이런 영양소는 특히 잎에 많다.

무는 음식의 소화를 돕는 다양한 소화 효소가 들어있어 위 통증과 위궤양을 예방·개선하는 효과도 있지만, 무에 풍부한 비타민C가 간 기능을 도와 숙취의 주범인 아세트알데하이드의 분해를 도우므로 애주가들에게도 탁월하다. 그뿐만 아니라 이소사이오사이아네이트라는 항암 성분은 우리 몸의 면역력을 길러준다. 단, 오이와는 궁합이 맞지 않는다. 오이에는 무의 대표적 웰빙 성분인 비타민C를 파괴하는 효소가 들어있다고 한다.

4. 면역력 높이는 식재료 ─ 몸의 온도 1도를 올려라

1) 체온을 높이는 식생활 법

(1) 체온을 높이는 식생활 법의 기본은 몸의 움직임을 활발히 하는 것이다. 가장 기본이 되는 것이 씹는 행위인 '저작 운동'을 제대로 하는 것인데, 먹기에 편하고 단 음식보다는 씹기에 질기고 맛이 시거나

쓴 음식을 먹는 것이 저작 운동의 효과를 높인다. 따라서 견과류나 뿌리채소, 잎채소 등을 평소 꾸준히 먹는 것이 체온 상승에도 도움이 된다. 이런 식재료는 최소 30회 이상 씹어 삼키는 것이 좋다.

(2) 과식하지 않는다. 좋은 음식도 너무 과하게 먹다 보면 우리 몸의 혈액이 소화를 위해 위장에 몰리면서 오히려 다른 장기의 혈액 순환을 방해하고 몸의 기혈이 막힐 우려가 있다. 따라서 적정량의 식사는 건강을 위한 가장 기본적인 식습관이다.

(3) 차가운 음식은 되도록 피하고 미지근하거나 따뜻한 음식을 먹는 것이 면역력을 키우는 데 도움이 된다. 더운 여름철에도 냉장고에서 바로 꺼낸 차가운 물보다는 상온에 두었던 물을 마시는 것이 좋고, 과일 섭취 시에도 마찬가지다.

(4) 식후 30분 혹은 잠자리에 들기 전 따뜻한 차를 마시는 것도 수분 섭취의 장점과 더불어 체온 상승에 도움이 된다. 따뜻한 차로 몸의 온도를 직접적으로 높임과 동시에 몸을 따뜻하게 하는 성질의 한약재를 차로 활용하면 유효 성분이 체온을 상승시키는 데 큰 도움이 된다. 특히 평소 몸이 찬 사람들은 미지근한 물이나 한방차를 조금씩 자주 마시면 좋다. 주변에서 쉽게 구할 수 있는 따뜻한 성질의 약재로는 생강, 계피, 도라지, 대추, 귤피(귤껍질) 등이 있다.

2) 면역력을 높이는 음식

12월 한파로 호흡기 질환과 혈액 순환 장애 등으로 고생하는 사람이 늘면서 면역력을 높이는 방안에 관한 관심이 높다. 이렇게 추운 날씨에는 몸의 체온 1도만 높여도 바이러스나 질병을 방어하는 몸의 기능을 강화할 수 있다. 기후 변화 건강 포럼에 따르면 우리 몸의 체온은 36.5도를 유지해야 하는데 1도만 떨어져도 면역력은 30%나 떨어지며, 반대로 1도만 올라가도 면역력은 5배나 높아진다고 한다.

체온 1도를 올리기 위해서 혈액 순환을 개선하고 신진대사를 증진하는 음식을 골고루 먹는 것이 중요하며, 인스턴트식품이나 염분, 당분, 식품 첨가물, 기름기 많은 식품, 패스트푸드는 피하는 것이 좋다. 대신 미네랄과 비타민이 풍부한 음식을 먹도록 하자.

(1) 생강

생강은 몸을 따뜻하게 해주는 성질을 지닌 대표적인 히트푸드(heat food)로, 생강 속 진저롤과 쇼가올이라는 성분이 감기로 인한 발열, 두통, 가래 등을 가라앉히고, 몸을 따뜻하게 하는 데 도움을 준다. 또한, 생강은 혈중 콜레스테롤을 내리고 해독, 통증, 염증 제거에도 효능이 있다. 생강을 평소 쉽게 먹기 위해서는 따뜻한 성질을 가진 홍차와 꿀을 넣어 차로 마시면 좋다.

(2) 마늘

마늘에는 항 피로 비타민으로 불리는 비타민B1이 많고, 면역 기능과 세포 분열에 중요한 아연이 풍부하다. 매운맛을 지닌 알리신은 뛰어난 살균 능력을 지녀 항균, 항바이러스 효능이 탁월해 감기 예방 및 치료에 좋다. 그뿐만 아니라 알리신은 항산화, 항암에도 도움을 주며, 아데노신이라는 성분은 심장병을 예방하는 데 도움을 주는 것으로 알려졌다.

(3) 고추

고추에는 비타민C가 많이 함유되어 있어 항산화 및 감기 증상 완화에 도움을 주며, 고추 속 캡사이신이라는 매운 성분은 비타민의 산화를 막아주고, 에너지 대사를 증진하고 내장 기능을 활성화해, 면역 기능에 도움을 주는 것으로 알려졌다.

(4) 표고버섯

버섯은 다당류 수용성 식이섬유인 '베타글루칸'의 함량이 높은데 특히 표고버섯의 렌티난이라는 물질은 면역력을 강화하는 성분으로 알려졌다. 또한, 표고버섯의 에리타데닌 성분은 혈액 순환 촉진 및 콜레스테롤을 낮춰 혈압 강하에도 도움을 준다.

(5) 청국장

청국장의 다당성분은 면역력을 높이는 데 도움을 준다. 청국장에 들어 있는 토코페롤과 리놀산, 리놀레산 등은 항산화 작용에 도움을 주며, 노화 방지에도 좋다.

(6) 해조류

김, 미역, 다시마 등의 해조류에 다량 함유된 포피란 및 후코이단 등의 다당류는 바이러스 등에 대한 인체의 면역 기능을 증강하는 효과가 크며, 항암 효과도 있다.

이외에도 인삼, 양파, 강황, 부추, 김치, 홍삼 등이 몸을 따뜻하게 하고 면역력을 높이는 데 도움을 주며, 사과, 토마토, 당근, 시금치, 브로콜리 등의 과일과 채소는 비타민과 미네랄이 풍부하여 감기 예방과 면역력 강화에 도움을 준다. 겨울철 해산물인 꽁치, 굴, 꼬막, 전복 등에도 다양한 영양소가 풍부하여 겨울철 피로 해소와 면역력 강화에 좋다.

면역력을 높이기 위해서는 먹는 음식뿐 아니라 생활 리듬이 깨지지 않도록 규칙적인 생활 습관을 유지하는 것도 중요하다. 평소 손 씻기를 생활화하고 스트레스 관리, 가벼운 운동, 햇볕을 쬐는 것도 면역력을 높이는 데 도움이 된다.

3) 「우먼 동아일보」는 면역력 높이는 백신푸드 열 가지를 소개했다

"건강 적신호의 첫 번째 증거는 면역력이 떨어지는 것. 또한 아름다운 피부를 위해서도 면역력을 높이는 것이 중요하다"고 말한다. 면역

력 높이는 식재료를 알아보고, 그 식재료로 입맛 살리는 요리를 만들
어 보자.

(1) 홍삼 그리고 닭고기

홍삼에 풍부한 산성 다당체 성분은 면역력 증진에 도움을 주어
신진대사가 떨어지는 겨울에 먹으면 좋다. 홍삼에 알리신 성분이 풍부
한 마늘을 곁들여 먹으면 자양 강장 효과와 항산화 효과까지 볼 수
있다. 살코기와 생선, 달걀 등에 많이 든 단백질은 면역 기능을 포함해
여러 가지 생물학적 과정에서 꼭 필요한 요소다.

(2) 견과류 그리고 시금치

견과류는 양질의 불포화 지방산과 단백질이 풍부해 기력을 회복
시키고 면역력을 향상하는 데 도움을 준다. 겨울이 제철인 시금치도
대표적인 면역력 강화식품으로 세포 생성에 도움을 주는 엽산과 피로
해소를 돕는 비타민C가 풍부하다.

(3) 단호박 그리고 마늘

단호박에 풍부한 베타카로틴은 항산화 성분으로 노화를 억제하고
각종 성인병을 예방한다. 스트레스와 불면증 등으로 소화력이 떨어졌
을 때 먹으면 소화 흡수를 돕고 면역력을 증대시키는 효과가 있다.
마늘에는 셀레늄과 마그네슘, 비타민B6 등이 풍부한데, 이런 성분은
세균으로부터 몸을 보호하는 효능이 있다.

(4) 토마토 그리고 녹차

토마토만큼 다양한 영양소를 함유한 식품도 드물다. 칼슘, 인, 철, 아연, 칼륨, 등의 각종 미네랄은 물론 비타민A, B1, B2, B6, C, E, 니아신, 엽산 등의 비타민이 다양하게 함유되어 있다. 특히 비타민C는 토마토 한 개에 하루 섭취 권장량의 절반가량이나 들어있어 피부미용과 면역력 향상에 더할 나위 없이 좋다. 토마토의 리코펜 성분은 나쁜 콜레스테롤이 축적되는 것을 방지해 혈류를 개선하고 면역력을 향상한다. 칼륨과 루틴 성분도 풍부해 부종이나 고혈압 예방에도 도움을 준다.

녹차의 '카테킨'이라 불리는 타닌 성분은 몸속의 유해 활성 산소를 제거하는 항산화 효과가 있고, 콜레스테롤 축적을 예방하며, 감기 바이러스의 활동을 저지해 꾸준히 먹으면 면역력이 향상된다.

(5) 브로콜리 그리고 쇠고기

슈퍼푸드 중 하나인 브로콜리는 면역력을 강화해 셀레늄과 비타민A, C의 함량이 높을 뿐 아니라, 칼슘도 풍부하다. 쇠고기는 지방, 단백질, 철분이 풍부한 영양 식품으로 면역력을 높이기에 좋다. 브로콜리와 쇠고기를 함께 요리하면 영양가 높은 면역력 강화 요리를 만들 수 있다.

4) 암세포 매일 출몰해도 면역력 강하면 OK

여름철은 30도 안팎의 무더위와 일교차가 극심한 날씨로 인해 신체 면역력이 약화할 수 있는 시기다. 신체 면역력이 약화하면 감기와 만성 피로에 쉽게 걸리기 때문에 생활 속에서 철저히 건강 관리를 하는 것이 중요하다.

만병의 근원은 면역력의 부실이다. 우리 몸이 세균, 바이러스, 곰팡이 등의 외부 침입으로부터 보호되고, 몸 안의 비정상 세포를 제거해 건강하게 살아갈 수 있는 것은 면역력이라는 대응 체제가 있기에 가능하다. 한국건강관리협회 서울 서부지부 이대일 원장은 "따라서 건강하게 살려면, 면역력을 키우는 것이 가장 효율적인 방법"이라고 말한다. 그렇다면 면역체계는 어떻게 작동하는 것일까. 이는 전쟁과 같다. 먼저 세균전을 보자. 박테리아나 바이러스는 우리 몸에 들어와 제일 먼저 세포 입구에 있는 톨게이트 같은 수용체와 결합한다. 여기서 우리 몸은 미생물과 최초 전투를 벌인다.

척후병이 적을 발견하고 신속하게 대응하는 상황이다. 그 결과로 염증 반응이 일어나며, 열이 나거나 몸살 기운을 느낀다. 적의 침입을 알리는 신호인 셈이다. 이런 초기 면역 반응은 미생물의 정체와 상관없이 즉각적이고 신속하게 일어난다. 따라서 톨게이트가 유전적으로 부실한 사람들은 세균 감염 초기에 매우 심각한 증상을 앓는다. 경계병이 부실하면 적들의 침입에 저지선이 금세 무너지는 것과 같은 원리다. 우리 몸은 초기 대응에서 미생물과의 싸움이 버겁게 느껴지면,

정규군 사령부에 지원을 요청한다.

　사령부가 수지상세포다. 미생물과의 싸움이 국지전에서 정규전으로 확산하는 과정이다. 수지상세포는 주로 면역체계의 핵심 주력군인 T면역구 등을 활성화해 대거 출동시킨다. 이후 면역체계가 총동원되어 미생물을 죽이는 항체와 살해 세포가 투입된다. 이제 세균과 바이러스와의 본격적인 정규전이 벌어지고, 면역체계가 승리하면 미생물은 서서히 제거된다. 이 과정에 관여한 면역세포들은 미생물의 정체를 파악하고 싸움의 방식을 기억한다. 나중에 그와 같은 미생물이 들어와 또다시 정규전이 펼쳐지면 항체나 살해 세포 등 예전 방식의 시스템을 대거 작동시켜 보다 강력한 방어 체계를 갖추기 위함이다.

　이러한 면역력은 인간을 질병으로부터 보호하는 가장 강력한 무기이자 안보 체계다. 암에 걸리는 것도 면역체계의 고장이다. 몸 안에서는 하루에도 수십 개의 암세포가 출몰한다. 유전자 변이 또는 발암물질에 의한 자극으로 암세포가 생긴다. 그런데 면역세포인 탐식 세포가 순찰하다가 암세포를 발견하면 공격을 가해 파괴한다. 이런 과정이 정상적이면 암세포가 출몰했다가 바로 사라진다. 하지만 면역력은 나이가 들면 감소한다. 노화로 면역세포 활성이 떨어지기 때문이다. 면역력을 키우려면 숙면과 고른 영양을 섭취하며 과로, 과음, 흡연을 절제하고 정기적인 운동을 해야 한다.

　햇볕을 쬐며 걷는 것도 좋다. 반면 스트레스는 면역력을 약화하는 주범이다. 주변에서 보면 사회적으로나 가족 관계에서 안 좋은 일이 생기고 나서, 얼마 지나지 않아 암에 걸렸다는 소식을 접할 때가 있다.

스트레스가 면역력을 잡아먹는 것이다. 정신적 스트레스를 물리치는 가장 좋은 방법은 긍정적 사고다. 미국 하버드 의대 암 전문의 제롬 그루프먼 박사는 '희망의 힘'이란 책에서 희망이 품는 치유의 힘을 말하면서 "희망은 암을 녹여 버리는 힘을 가졌다"고 말했다.

희망의 치료 성분은 믿음과 기대다. 이것이 뇌에서 엔도르핀과 엔케팔린이라는 물질을 분비해 모르핀과 비슷한 통증 완화 효과를 내고 질병 치유를 유도하여 면역력을 높인다. 수술이나 의료 처치 후 긍정적인 기대를 하는 환자일수록 결과도 좋고 회복도 빠르다. 어차피 스트레스를 피해 살 수는 없다. 그것을 어떻게 받아들이고 관리하느냐에 면역력과 건강이 달렸다. 이대일 원장은 "억세게 저항하지도 않고, 거세게 폭발하지도 않고, 그렇다고 남몰래 삭히지도 않는 생활이 최선"이라고 말한다.

건강 의학 전문기자 신정윤은 건강을 위한 첫걸음 하이닥에서 피로 해소, 면역력 증진에 도움이 되는 음식 다섯 가지를 소개하고 있다.

(1) 매실

인체가 피로하다고 느끼는 것은 체내에 젖산이 축적된다는 것을 의미하는데, 매실의 구연산이 젖산을 분해해 피로를 풀어주고 정신을 안정시키며, 간장의 기능을 높여 유해 물질을 분해하는 해독 효과가 있다. 구연산은 신맛이 나는 유자, 모과, 레몬, 사과, 오렌지와 같은 과일에도 많이 들어 있다.

(2) 두릅

두릅에는 사포닌이 들어 있어 혈액 순환을 돕고 피로 해소와 심신 안정, 숙면에 도움을 준다. 일반적으로 혈중 카테콜아민은 스트레스에 의해 증가하는데, '사포닌' 성분은 혈중 카테콜아민 농도를 적당하게 조절함으로써 항 스트레스, 항 피로 효과를 나타낸다. 사포닌은 면역 증진에도 도움이 되며, 인삼, 홍삼, 더덕, 도라지, 콩, 마늘, 양파, 영지버섯, 은행, 칡, 미나리에도 들어 있다.

(3) 유자

피로의 주요 원인 중 하나는 체내 지방이 불완전 연소를 하면서 재와 아세톤이 생겨 축적되기 때문인데, 비타민C는 이러한 물질들을 해독하고 신진대사를 원활하게 만들어 피로를 풀어준다. 유자에는 비타민C과 구연산이 풍부하게 들어있다.

(4) 아스파라거스

아스파라거스에는 무기질이 풍부하고 '아스파라긴산'이 많아 간장의 기능을 원활하게 하고 이뇨 작용을 도우며, 체내의 젖산을 제거해 피로에 대한 저항력을 높인다. 비타민B1, B2는 신진대사를 활발하게 해 피로물질이 쌓이는 것을 막아준다.

(5) 양파

양파는 '쿼세틴' 성분이 있어 유해 활성 산소와 물질을 해독하고 배출하는 효능이 있으며, 분해되면서 단맛을 내는 '프로필머캅탄'을 생성해 피로 해소에 도움을 준다. 비타민A가 풍부해 눈의 피로를 풀어 주는 데에도 도움을 준다.

5) 신체 방어시스템, 면역력이 답, 면역력을 높이려면?

면역력을 높이려면 규칙적인 운동, 충분한 수면 등의 건강한 생활 습관을 유지해야 한다. 면역력이 강해지면 병원균에 노출되더라도 영향을 덜 받는다. 면역력이란 외부 이물질, 세균, 바이러스에 대한 인체 방어 시스템이다. 병원균이 몸 안으로 들어오지 못하도록 하거나 몸 안에 들어온 병원균을 무력화시키는 것이다. 따라서 면역력이 낮아지면 각종 세균 바이러스 질환에 노출되기 쉽다. 감기에 자주 걸리고 눈병이나 구강염이 생긴다. 또 잦은 배탈이나 설사가 면역력이 저하되면 발생한다. 우리 몸을 건강하게 유지하기 위해서는 면역력을 높이는 게 중요하다.

(1) 건강한 생활 습관

규칙적인 습관과 즐겁게 생활하려는 노력은 몸과 마음의 건강을 유지하는 데 기본이 된다. 평소 철저한 위생 관리로 청결한 환경을 조성하는 것도 필요하다. 가장 중요한 것은 역시 식습관이다. 되도록 인스턴트 음식을 자제하고 현미나 잡곡, 신선한 채소, 과일, 유산균 등을 자주 먹는 것이 좋다.

(2) 하루 20분 정도 햇볕 쬐기

면역력과 관련 있는 체내 비타민D는 대부분 햇볕을 받아 합성되고, 나머지는 식품으로 보충된다. 비타민D 농도가 낮아지면 면역력이 떨어져 각종 호흡기 질환에 걸릴 위험이 커진다는 연구 결과들이 있다. 하루 20분 정도 햇볕을 쬐면 체내에 비타민D가 생성돼 면역력을 높이는 데 도움이 된다.

(3) 비타민 섭취

비타민C는 활성 산소가 체내 세포를 손상하는 것을 막는 대표적 항산화 영양소다. 비타민C 결핍은 산화 스트레스를 유발하고, 세포 에너지의 신진대사를 저하한다. 아연은 면역세포 백혈구 생산을 증가시키며, 빠른 세포 분열과 정상적인 면역 기능 회복에 도움이 된다. 베타글루칸은 상기도 감염을 감소시키고, 면역세포 증진과 활성화에 도움이 된다. 천연 항생제로 불리는 프로폴리스는 플라보노이드 성분으로 항균 및 항산화 작용에 도움이 된다.

(4) 규칙적인 운동

규칙적인 운동은 면역력을 높이는 데 도움을 준다. 가벼운 운동은 깊은 호흡과 긴장 이완을 통해 혈액 순환을 원활하게 한다. 이로써 자율 신경의 하나인 부교감 신경을 활성화하고, 부교감 신경은 면역계를 자극한다. 운동은 면역세포와 림프액의 흐름을 활발하게 한다. 혈액 순환이 좋아지면 병원균의 침입으로부터 신체를 보호하는 백혈구 숫자가 증가한다. 혈액 속에서 산소 운반을 담당하는 적혈구의 수가 운동 직후에 5~10% 증가한다는 연구 결과도 있다.

가천대 길병원 가정의학과 서희선 교수는 "다만 갑작스럽게 너무 심한 운동을 하면 오히려 면역력 저하를 초래할 수 있고, 특히 감염성 질환에 이미 걸린 이후에는 운동이 오히려 도움이 되지 않는다"며 "이때는 수분을 충분히 섭취하고 휴식을 취하는 것이 좋다"고 말했다.

(5) 충분한 수면

수면은 충분히 취하고, 자고 깨는 시간을 규칙적으로 해야 한다. 불규칙한 생활 습관이나 수면 시간의 잦은 변화 같이 생활 리듬이 깨지면, 면역력이 낮아진다. 수면은 평소 8시간 정도로 충분히 취하고, 규칙적으로 자고 일어나면 면역력이 증강된다. 특히 저녁 11시부터 새벽 3시까지는 가장 깊은 잠을 자는 시간이므로 이때에는 반드시 잠자리에 드는 것이 좋다. 이때 면역력을 강화하는 호르몬인 '멜라토 닌'이 분비된다.

수면 중에는 교감 신경이 긴장을 풀 수 있어 부교감 신경이 작용해 몸의 긴장이 풀어진다. 그로써 면역세포인 T세포나 NK세포의 기능이 활발해져 면역력이 높아진다.

(6) 스트레스 감소

지나친 스트레스는 면역력을 떨어뜨린다. 스트레스는 불유쾌한 자극에 적응하기 위한 우리 몸의 종합 반응이다. 주로 시상하부 뇌하

수체 부신축과 교감 신경계, 면역계가 관여한다. 이 과정에서 염증 반응을 일으키는데, 주요 스트레스 호르몬인 노르아드레날린, 아드레날린, 코르티솔 등이 분비된다.

현대 사회의 심리적 갈등과 같은 만성적 스트레스는 스트레스 반응을 장기간 과하게 활성화해 여러 가지 건강 문제를 유발할 수 있다. 이미 스트레스가 우울증, 불안장애와 같은 정신과 질환의 중요한 원인임은 잘 알려져 있다. 그 외에 심혈관계 질환, 감염성 질환, 암, 자가 면역 질환과의 광범위한 연관성이 보고되고 있다.

스트레스를 줄이고 긍정적으로 사고하는 것은 몸속 엔도르핀을 증가시키고, 신체의 면역력도 자연스럽게 올릴 수 있다. 부교감 신경을 자극하는 것도 건강한 생활에 도움이 된다. 부교감 신경은 음식을 섭취하면서 장기를 자극하면 활성화된다. 현미, 채소, 버섯 등 몸에 좋으면서 장기를 적당히 자극할 수 있는 음식을 섭취하면 좋다. 또한 혈액 순환을 좋게 해주는 행동도 부교감 신경을 활성화한다. 수시로 가볍게 체조하거나, 매일 샤워나 산책하는 것도 도움이 된다.

(7) 혈류 활성화를 위해 많이 웃어라

기쁨과 즐거움을 표현하는 웃음은 인간만이 가지는 독특한 기능이다. 웃을 때 일어나는 얼굴 근육의 운동만으로도 인간은 유전자 발현과 면역력 증강 효과를 얻을 수 있다. 근육이 움직이면 그곳에서 열이 발생하고 이 열이 혈액을 움직이는 힘이 되어 결과적으로 혈류를 활성화하기 때문이다.

(8) 사랑은 면역력을 높여준다

병에 걸린 사람이 어떤 삶의 목표를 찾았을 때, 병이 기적적으로 회복되는 일이 실제로 있다. 환자 자신이 진심으로 나을 수 있다고 믿고 누군가를 사랑하고 있음을 깨닫는다면, 병을 극복할 수 있다. 얼마나 강한 동기를 가지는가에 따라 무한한 가능성이 열리는 것이다. 병을 극복할 수 있는 가장 강한 동기는 사랑이다. 건강하게 살아가기 위해서는 사람을 사랑하는 마음이 절대적으로 필요하다. 누군가를 사랑함으로써 행복을 느끼는 사람의 자기 치유력이 높은 것은 면역력 상승에서 찾을 수 있다.

(9) 좋은 음식 섭취

좋은 영양소가 함유된 음식은 감염이나 질병, 알레르기 등에 대항하는 힘을 높여준다. 면역 기관이 제 기능을 발휘하게 해주는 비타민C, 비타민A, 비타민B군, 비타민E, 미네랄, 단백질 등이 그것이다. 면역 기관과 세포의 건강을 유지하고 균형을 맞추기 위해서는 그에 걸맞은 음식을 먹는 것이 중요하다.

대표적인 영양 식품으로는 바이러스의 증식을 억제하는 인터페론의 생성을 촉진하는 비타민C가 많은 구아바, 유자. 풋고추, 피망, 파프리카, 양배추, 면역세포를 활성화하는 베타글루칸이 많이 함유된 버섯, 몸의 저항력을 높여 암을 예방하는 수수, 보리, 율무, 기장, 메밀 등의 잡곡이 있다.

비타민A는 점막을 구성하고 유지하는 데 필수적인 요소로써 특히 호흡기 점막을 튼튼하게 해주는 역할을 하는데 말린 살구나 붉은 고추에 가장 많이 포함돼 있다. 섬유질과 각종 비타민이 풍부하게 들어있는 녹황색 채소는 우리 몸의 신진대사를 원활하게 해준다. 또한 단백질 음식들에 다량 포함된 아연이란 미네랄은 특히 호흡기계 감염과 설사에 도움이 되며 노인에서 세포성 면역을 증진한다는 연구 결과들이 다수 발표된 바 있다.

우리가 쉽게 접할 수 있는 대표적인 발효 식품인 김치, 된장, 청국장, 간장 등도 면역력 강화에 도움이 된다. 서 교수는 "어떤 특정 음식이 면역력 강화에 좋다기보다는 골고루 충분히 영양분을 섭취하는 것이 기본적으로 중요하다"고 말했다.

(10) 장을 건강하게

실재 면역세포의 60~70%가 장에 존재하기 때문에 장의 기능이 정상적으로 작동하지 않으면 건강에 심각한 문제가 발생한다. 영양분이 흡수돼야 할 장소에 온갖 음식물이 들어와 부패가 일어나게 된다면 장에 있는 면역세포들의 활동이 저하될 것은 당연하며, 저하된 면역 기능으로 발생할 수 있는 질병의 종류는 아주 많다. 그러므로 면역력 향상을 위해서는 장의 회복이 무엇보다도 급선무다.

II. 노화야! 멈춰라

대개 사람들은 노화가 '불가피한 것', '자연스러운 것'이라고 생각한다. 여기에 "NO" 하는 사람들이 있다. 이들은 "삶은 더 늘릴 수 있을 뿐만 아니라, 더 건강하게 할 수 있다"고 말한다. 노화는 "정상이 아니라 질병이며, 그 질병은 치료할 수 있다"고 가정하고, 도전하는 사람들이 있다. 하버드 의대 유전학 교수이자 노화와 장수 분야 최고 권위자인 데이비드 싱클레어(David A. Sinclair) 박사는 최근 25년의 연구 결과를 근거로 해서 "노화는 늦추고, 멈추고, 심지어 되돌리기까지 할 수 있다"고 말한다. 더 나아가 앞으로 노화 예방 접종, 노화 백신 개발, 약물 사용과 유전자 재프로그래밍을 통해서 인간의 생명은 놀랍고도 충격적인 연장이 가능하다고 말한다.

인간이 장수를 위해서 이렇게 파격적인 노력을 하지 않더라도 건강 관리만 잘하면 120세까지는 살 수 있고, 100세까지는 누구나 살수 있는 시대가 온 것이다. 문제는 건강하게 사는 것이다.

앞으로 건강한 장수를 위해서 어떤 식생활 습관과 노력이 필요한가를 알아보려고 한다.

뭘 먹느냐에 따라 노화를 촉진하는 만성 질환인 고혈압, 당뇨병, 비만 등에 걸리기도 하고, 막을 수도 있다. 여러 연구에서 음식은 건강하게 나이 들어가는 데 있어서 가장 중요한 요소인 것으로 밝혀졌다. 그렇다면 노화 방지(anti-aging)는 어떤 것을 말하는 것일까. 빛나는 머릿결, 탄력 있는 피부, 활발한 신체 활동, 긍정적 사고방식을 유지하고 만성 질환을 막는 것을 말한다.

1. (세월이 가도 변치 않는) 노화를 막아주는 음식 여섯 가지

전문가들은 색깔이 다양한 채소와 과일, 단백질이 풍부한 살코기, 불포화 지방과 섬유질이 풍부한 곡물, 저지방 유제품을 많이 먹고, 염분, 당분과 칼로리가 높은 가공식품을 피하는 것이 항노화의 지름길이라고 말한다. 미국의 정보 사이트 <투데이닷컴>(today.com)이 노화를 막는 음식 여섯 가지를 소개하고 있다.

(1) 아몬드
견과류에는 비 동물 단백질이 풍부하게 들어있다. 또 심장 건강에 좋은 지방과 마그네슘, 아연 등도 다량 들어있다. 아몬드와 호두, 피스타치오 등 견과류를 칼로리를 계산하며 먹으면 좋다. 하루 권장 섭취량은 1온스(약 28g)다.

(2) 연어

단백질이 풍부해 근육을 형성하는 데 좋다. 또 심장과 신경 건강에 좋은 오메가3 지방산이 풍부하다. 오메가3 지방산은 피부와 모발 건강에도 좋다. 연어를 대신할 수 있는 것으로는 정어리, 홍합, 청어, 송어, 광어 등이 있다.

(3) 녹차

항산화제가 풍부한 음료이다. 감미료가 첨가된 음료수 대신에 녹차를 마시면 심장과 혈관 건강에 좋은 플라바놀을 충분히 섭취할 수 있다. 연구에 따르면, 녹차는 하루에 5잔 이상을 마셨을 때, 효과가 극대화되는 것으로 나타났다.

(4) 퀴노아

단백질과 섬유질, 칼슘, 철분 등이 풍부한 곡물이다. 또한 밀이나 보리 등의 곡물과는 달리 글루텐이 전혀 들어있지 않다. 퀴노아와 비슷한 곡물로는 메밀, 병아리콩, 검은콩 등이 있다.

(5) 방울양배추

양배추 같은 십자화과 채소에는 항산화제가 풍부하며 꾸준히 섭취했을 때 암 발생 위험을 줄여주는 비타민과 미네랄, 섬유질 등 각종 영양소가 많이 들어있다. 방울양배추를 좋아하지 않는다면, 브로콜리나 콜리플라워, 케일 등도 좋다.

(6) 블루베리

항산화제의 일종인 안토시아닌 성분이 많이 들어있다. 자연적으로 단맛을 내기 때문에 천연 사탕으로 불리는 블루베리는 그냥 먹어도 좋고 요구르트나 샐러드 등에 넣어서 먹어도 영양과 풍미를 더 한다. 다양한 베리류에는 블루베리와 비슷한 효능이 있다.

2. 청춘을 오래오래 — 노화 예방

노화 막아주는 음식 열한 가지

스페인의 탐험가인 후안 폰세 데 레온도 결국 찾지 못한 '청춘의 샘'을 현대의 과학자들은 지금도 찾고 있다. 하지만 과학자들이 노화를 멈추게 하는 물질을 찾을 때까지 노화를 방지하고 청춘을 유지하는 가장 안전하고 효과적 방법이 있다. 바로 우리가 일상적으로 먹는 음식이다. 과학자들은 여러 가지 원인에 의해 일어나는 만성 염증이 노화를 촉진하는 것으로 믿고 있다. 그런데 음식 중에는 이런 염증을 없애는 데 도움을 줘 각종 질환을 예방하고, 노화를 방지하는 게 있다. 미국의 건강 정보 사이트 <세이프닷컴>이 '노화를 막는 음식 아홉 가지'를 소개했다. 여기에 두 가지를 추가하려 한다.

(1) 올리브오일

약 40년 전 그리스 크레타섬에서, 7개국에서 모인 연구원들은 올리브오일의 단일 불포화 지방산이 심혈관 질환과 암 발병 확률을 낮추는 데 큰 역할을 한다고 밝힌 바 있다. 또한 올리브오일은 노화와 관련된 질병을 예방해주는 강력한 항산화 물질인 폴리페놀이 함유된 식품이기도 하다.

(2) 요구르트

1970년대, 소비에트 조지아가 다른 어느 나라보다 100세 이상 장수 인구가 더 많다는 소문이 돈 적이 있다. 당시의 보도는 그 장수의 비밀이 늘 그들의 식탁에 오르는 요구르트에 있다고 했다. 요구르트가 노화가 오는 것을 막는지를 아직 명확하게 입증된 바는 없다. 하지만 요구르트는 골다공증을 예방해주는 칼슘이 풍부하게 들어있고, 위장 건강에 좋은 박테리아를 다량 함유하고 있다.

(3) 생선

수십 년 전에 에스키모 원주민들이 심장 질환에 걸리지 않는 이유에 관한 연구가 진행된 적이 있었다. 당시 연구원들은 그들이 먹는 엄청난 양의 생선이 그 답이라고 생각했다. 생선은 오메가3 지방산의 주요 공급원이다. 이 오메가3 지방산은 동맥에 콜레스테롤이 쌓이는 것을 막고, 불규칙한 심장 활동을 방지해준다. 연어, 참치, 고등어 등에는 오메가3 지방산이 풍부하게 들어 있다. 오메가3 지방산은 심혈관 질환과 같은 늙고 쇠약해져서 생기는 질병들을 물리치는 효능이 있다. 미국 심장협회는 일주일에 두 번 정도 생선을 먹을 것을 권장한다.

(4) 다크 초콜릿

초콜릿은 두뇌 기능을 촉진하고 혈압을 낮춘다는 연구 결과가 있다. 독일의 한 연구 결과에 따르면, 초콜릿을 소량이라도 매일 먹으면 심장마비나 뇌졸중 위험을 40%나 줄이는 것으로 나타났다. 파나마 해안의 산블라스 섬에 사는 쿠나족의 심장 질환 발병률은 파나마 본토에 사는 사람들보다 9배나 적다. 피할 수 없는 '왜?'라는 물음의 답은 그들이 마시는 엄청난 양의 코코아 음료 때문이라는 것이 밝혀졌다. 이 코코아는 건강한 혈관을 유지하는 데 도움을 주는 것으로 알려져 있는데, 건강한 혈관을 유지하는 것만으로도 고혈압, 당뇨, 신장 질환 등을 예방할 수 있다.

(5) 견과류

평상시 견과류를 먹은 사람은 그렇지 않은 사람들보다 평균적으로 2년 반을 더 산다는 연구 결과가 있다. 견과류는 불포화 지방산이 많아, 올리브오일을 먹는 것과 같은 효능을 갖고 있다. 견과류는 비타민과 미네랄 그리고 항산화 물질도 다량 함유하고 있다. 호두, 아몬드, 잣, 땅콩 등 견과류를 매일 2온스(약 57g)씩 먹으면 오메가3 지방산을 충분하게 섭취하게 된다. 오메가3 지방산은 염증을 격퇴하는 효능이 있다. 한 연구에 따르면, 매일 견과류를 먹은 사람은 한 달에 한 번 이하로 견과류를 먹은 사람에 비해 심장 마비에 걸릴 가능성이 60%나 낮은 것으로 나타났다.

(6) 와인

적당량의 알코올 섭취는 심장 질환과 당뇨, 노화와 관련된 기억력 저하 등을 예방해준다. 레드와인은 '알코올'과 관련된 많은 연구에서 다뤄온 주제 중 하나다. '레스베라트롤'이라는 성분을 함유하고 있기 때문이다. 이 레스베라트롤은 한 동물 연구 결과 세포 노화를 느리게 하는 유전자를 활성화한다. 매일 2잔 정도의 적당량의 와인을 마시면 심장병과 알츠하이머병, 당뇨병, 비만, 충치와 몇 가지 종류의 암 등을 예방하는 데 도움이 된다. 와인은 피부암 발병 전의 병변을 감소시켜 피부를 보호하기도 한다.

(7) 베리류

아사이베리, 라즈베리, 블루베리 등의 베리류에는 안토시아닌이라는 항산화제가 듬뿍 들어있다. 안토시아닌은 노화 작용을 늦추는 효능이 있다. 생으로 혹은 얼린 베리류를 매일 한 컵 정도 먹으면 노화를 이끄는 염증을 물리친다. 지난 1999년, 미국의 터프츠대학교의 인간 영양연구센터 항산화 연구실 연구자들은 블루베리 추출물을 실험용 쥐에게 인간의 나이로 10년 동안 투여했다.

이 실험용 쥐들은 일반적인 먹이를 먹은 쥐들보다 나이가 들었을 때, 균형과 조정 테스트에서 월등하게 우수했다. 블루베리에 함유된 성분들은 노화로 인한 기억력 저하와 운동기능 저하와 관련된 염증과 손상을 완화해 효과가 있다.

(8) 녹차

매일 3잔의 녹차를 마시는 사람은 장수한다는 연구 결과가 일본에서 나온 바 있다. 녹차에는 강력한 항산화제인 EGCG(에피갈로카테킨 갈레이트)이 풍부하게 들어 있다. 이 성분은 심장병과 알츠하이머병 그리고 여러 가지 암 위험을 낮춘다. 녹차 속에 있는 항산화 성분의 하나인 카테킨은 녹내장에 걸리는 것을 막는다.

(9) 커피

항산화제가 풍부하게 들어 있다. 매일 3~5잔의 커피를 마시면 치매 위험을 65%나 낮춘다는 연구 결과가 있다. 또 커피가 심장병, 통풍, 전립샘암, 대장암 그리고 2형 당뇨병 등에 걸릴 위험을 낮춘다는 연구 결과도 있다.

(10) 토마토

항산화제의 일종인 라이코펜이 많이 들어 있다. 라이코펜은 피부를 젊게 하고 심장병과 몇 가지 암의 위험을 낮춘다. 일주일에 토마토나 토마토가 든 음식을 10번 정도 먹는 남성은 전립샘암에 걸릴 위험이 45%나 줄어든다는 연구 결과가 있다.

(11) 브로콜리

각종 비타민과 크롬과 같은 무기질이 들어 있다. 이런 성분들은 노화 작용을 늦추고 두뇌 기능을 촉진한다. 또 브로콜리에서 발견되는 설포라판은 심장병과 뇌졸중, 암 발생 위험을 줄이는 효능이 있다.

비타민 4형제는 반드시 함께 섭취하라

비타민 중에서도 특히 비타민A, 비타민D, 비타민E, 비타민K는 자연식품을 섭취할 때 함께 몸속으로 들어와 질병을 막는 방어막을 구축해준다. 비타민A는 세포 분열, 세포 성장, 배아 발달, DNA 합성, 호흡 기관·소화관·비뇨기의 점막 유지 등 다양한 역할을 한다. 빛을 전기 신호로 바꾸고 자유라디칼에 의한 손상을 막기 때문에 시력을 유지하는 데도 꼭 필요하다.

(1) 비타민A가 결핍되면 점막이 말라 감염되기 쉽고, 빛이 약할 때 보는 능력이 떨어지면서 야맹증이 오기 쉽다.

(2) 비타민D는 무기질 대사와 뼈 성장에 관여하는 호르몬 전구물질로 체내 칼슘과 인의 흡수를 돕는다. 치아를 건강하게 하고 뼈를 튼튼하게 하려면 비타민D가 꼭 필요하다. 비타민D는 골다공증을 예방하고 우울증을 치료하는 효과도 있는데, 지용성 비타민이기 때문에 남은 양은 체내 지방에 저장되었다가 필요할 때 방출되어 쓰인다. 비

타민D는 일주일에 2~3회, 15분씩만 햇빛을 받으면 필요한 양이 충분히 생성되기 때문에 '햇빛 비타민(sunshine vitamin)'이라고도 불린다.

(3) 비타민E는 지용성으로, 자연에는 여덟 가지 형태로 존재하며 형태마다 기능이 다르다. 비타민E로 인식되는 것은 주로 토코페롤, 혈액과 조직에 많이 들어 있다. 비타민E(토코페롤)는 밀의 싹, 옥수수, 견과류, 종자, 올리브, 시금치, 아스파라거스, 녹황색 채소, 조리하지 않은 식물성 기름, 새싹에 들어있다.

(4) 비타민K는 장에 서식하는 좋은 세균에 의해 생성된다. 그러나 많은 사람이 건강한 장내 세균을 가지고 있지 않기 때문에 자연식품이 제공하는 비타민K를 먹어야 한다. 비타민K는 혈액 응고에 관여하는 간 단백질을 만드는 데 꼭 필요하다. 비타민K는 뼈 형성에도 관여하기 때문에 제대로 섭취하지 않으면 골밀도가 낮아질 수 있다.

노화에 대한 고민, 스마트 식단으로 해결하자

여기저기서 100세 시대를 외치는 요즘 우리의 화두는 '건강'이다. 누구나 오랫동안 젊고 건강하게 살고 싶지만, 재깍재깍 흐르는 시계추를 막기란 여간 어려운 일이 아니다. 빠르고 바쁜 시대를 사는 현대인에게는 더욱 어려운 일이다. 일상생활에서 약간의 노력으로 노화의 시계를 늦출 수만 있다면, 게다가 그 방법이 간단한 식습관 개선이라면 어떨까. 노화 방지에 좋은 식단과 효능, 이에 대한 조리법을 전문가와 함께 알아봤다.

1) 비타민·오메가3 … 노화 방지 효과 탁월

우리 몸을 노화시키는 것 중에는 산화 과정이 있다. 세포가 녹스는 과정을 일컫는데 세포를 늙지 않게 하기 위해서는 항산화 물질을 자주 섭취해야 한다. 노화와 각종 성인병, 암 등을 촉진하는 활성 산소를 항산화 물질 섭취로 없애는 것이다.

항산화 물질은 대개 색깔 있는 채소와 과일에 풍부하게 들어있는데, 특히 항산화 비타민인 비타민E·C가 많이 들어있는 음식을 충분히 먹는 것이 좋다. 성 빈센트 병원 영양실에 따르면 비타민E는 아몬드와 땅콩, 호두, 호박씨, 피스타치오 등 견과류에 많아 노화 예방에 도움을 주는 것으로 나타났다. 또 비타민C는 채소와 과일에 풍부하게 들어있어 피부 미백뿐 아니라 노화 방지에도 효과적이었다.

오메가3도 항산화 물질로 권장됐다. 성빈센트병원 구민정 영양사는 "혈관 노화와 동맥 경화를 막아주는 오메가3를 꾸준히 섭취하는 게 좋다"고 했다. 또 식물 단백질이 풍부하고 노화 방지에 좋은 두부와 콩류는 갱년기 여성에게 특히 좋다고 강조했다.

항산화 물질은 영양제보다는 음식으로 먹는 것이 건강에 더 이로운 것으로 나타났다. 분당 서울대병원 소화기내과 이동호 교수는 "항산화 물질은 크게 항염증 작용과 발암 과정을 억제하는 역할을 함으로써 노화 방지뿐 아니라 암 예방에 좋다"며 "자주 섭취하는 것이 바람직하다"고 말했다.

2) 브로콜리 호두 볶음, 유자청 샐러드 … 대표 노화 방지 음식

집에서 간단히 만들 수 있는 노화 방지를 위한 음식으로는 브로콜리 호두 볶음, 유자청 소스 샐러드, 토마토소스 떡볶이가 있다. 브로콜리 호두 볶음은 채소 중 비타민C가 가장 많은 브로콜리와 뇌 활동을 활발하게 하는 비타민E가 풍부한 호두를 한 번에 먹을 수 있는 조리법이다. 한 영양사는 "비타민A를 비롯해 B1, B2, 칼슘, 인, 칼륨 등이 다량으로 함유된 브로콜리를 특히 자주 먹는 것이 좋다"며 이어 "대표적 항암 성분인 리코펜이 많이 들어있는 토마토를 먹는 것도 암 예방에 좋다"고 말했다.

또 유자청 소스 샐러드는 비타민C가 많은 유자를 양상추와 닭가슴살과 섞어 먹거나 생선구이, 고기볶음에 넣어 먹는 것을 권장하고 있고, 토마토소스 떡볶이는 비타민A, 비타민C를 비롯해 체내 호르몬 생성을 촉진하는 비타민E가 풍부해 피부 노화 방지에 좋은 것으로 나타났다.

서울 백병원 가정의학과 박현아 교수는 "노화는 사실상 한 가지 식품으로 예방할 수는 없는 문제이기 때문에 음식뿐 아니라 규칙적인 운동, 금연, 금주 등 생활 습관을 개선하는 것이 노화 방지의 지름길이

될 수 있다"고 말했다.

3. 암, 만병의 근원 ― 활성 산소를 줄여주는 식품

우리나라의 암 발생률은 인구 10만 명당 294.3명(2012년, 국립암센터 암 등록사업과)으로 경제협력개발기구(OECD) 평균인 271명보다 높은 수준이다. 성별로 보면 50세 초반까지는 여성이 거의 모든 종류의 암에 더 취약한 것으로 나타났지만 50대 이후부터는 남성의 암 발생률이 높아지는 추세다.

최근 암 환자가 늘면서 암 예방에 도움이 되는 음식이 주목받고 있다. 이들 식품 가운데 피토케미컬(Phytochemical, 식물성 화학 물질) 성분이 함유된 식품이 관심을 끌고 있다. 브로콜리, 양배추 등에 들어 있는 피토케미컬 성분의 일종인 아이소싸이오사이안산은 세포에서 발암 물질을 해독하는 효소들을 활성화해 주는 것으로 알려져 있다.

암 환자 식단 전문가인 신촌 세브란스병원 김형미 영양팀장은 "피토케미컬은 서로 미묘한 상호 작용을 하므로 단일 성분으로서의 효과나 섭취량에 대해서는 아직 밝혀진 바가 없다"면서 "한 종류의 성분보다는 다양한 식물성 식품을 먹는 것이 발암 물질로부터 몸을 보호할 수 있다"고 했다. 항산화, 항암 효과를 내는 데 도움을 주는 다섯 가지 색깔의 채소와 과일을 소개한다.

이제 '활성 산소'라는 말은 낯익은 단어다. 건강 정보가 확산하면서 활성 산소가 자주 등장하고 있기 때문이다. 활성 산소는 쉽게 말하면 '찌꺼기 산소'다. 사람이 받아들인 산소 대부분은 에너지를 만드는 데 쓰인다. 이때 빠져나가고 남은 1~2% 정도의 활성 산소는 몸의 세포를 공격해 손상을 입힌다. 사람이 앓는 병 중 90%가 활성 산소와 관련이 있을 정도다. 특히 심혈관 질환·치매·관절염·백내장 등 퇴행성 질환과 연관성이 높다. 이것이 활성 산소를 만병의 근원이자 노화를 촉진하는 주범으로 일컫는 이유다.

활성 산소를 줄이기 위해서는 지나친 행동을 피해야 한다. 과식이나 과음, 과도한 운동, 심한 스트레스, 흡연 등의 습관을 버리고 소식, 적당한 운동, 긍정적 사고, 금연, 절주하면 활성 산소를 낮춰 젊고, 건강을 지킬 수 있다. 또한 비타민A, C, E와 리코펜과 같은 항산화 효과가 있는 식품을 섭취하는 것이 좋다. 농촌진흥청이 항산화력을 높여 주는 다섯 가지 컬러푸드에 대해 소개했다. 필자는 거기에 검은 색을 더하려 한다.

(1) 붉은색

리코펜, 비타민E가 풍부한 대표적인 건강식품이다. 토마토에는 강력한 항산화제 기능을 하는 리코펜이 다량 함유되어 있다. 토마토는 익혀 먹으면 리코펜이 최고 7배까지 높아진다. 사과, 딸기, 수박 등 빨간 과채소도 항산화 작용에 좋은 식품이다.

(2) 노란색

베타카로틴, 비타민C, 플라보노이드가 많아 발암 물질 해독에 좋다. 당근에도 강력한 항산화제인 베타카로틴이 풍부하다. 이 성분은 몸속에서 비타민A로 바뀌어 노화 방지에 효과적이다. 바나나, 오렌지, 단호박, 감 등도 찌꺼기 산소를 없애는 데 도움을 준다.

(3) 초록색

엽산이나 제아크산틴, 인돌-3-카르비놀, 루테인 등이 풍부하다. 브로콜리는 비타민C가 레몬의 2배나 될 정도로 풍부하다. 줄기에는 비타민A가 많다. 그 외에 키위, 청포도, 시금치 등도 항산화제 역할을 한다.

(4) 보라색

안토시안, 플라보노이드 성분이 풍부해 항산화, 발암 물질 해독을 도와준다. 포도, 가지, 적포도주, 코코아, 홍차 등이다. 블루베리는 과일 중 안토시아닌 함량이 가장 높다. 강력한 항산화제가 들어 있는 것이다. 와인은 폴리페놀 함량이 높은데, 포도는 발효해 와인이 되면 항산화력이 더욱 높아진다.

(5) 흰색

항암 작용에 도움이 되는 알리움, 알리 설파이드가 들어 있다. 도라지, 마늘, 무, 양파, 배 등이 대표적이다.

(6) 검은색

검은콩, 검은깨, 김, 미역: 검은콩 역시 안토시아닌 함량이 높다. 활성 산소를 중화시키는 데 효과가 있는 성분이다. 검은깨, 미역, 김 등도 몸에 해로운 활성 산소를 제거하는 데 도움이 된다.

일본 장수 노인의 비결 '고기'

일본 건강장수의료센터 조사에 따르면, 100세 이상 노인 442명 중 남성은 100%, 여성은 80%가 매일 고기 등 동물성 식품을 섭취하고 있는 것으로 나타났다. 고기는 심장병, 암, 고혈압 등을 유발한다는 오해를 받고 있지만, 식물성 식품에서는 얻을 수 없는 영양분을 많이 가지고 있다. 특히 고기에 풍부한 단백질은 식물성 식품에 부족한 아연, 철분 등이 풍부하다. 또한 10종의 필수 아미노산을 골고루 갖추고 있으며, 인체에서 흡수 및 이용되는 비율이 높아 우리 몸의 근육, 뼈, 면역세포, 각종 호르몬의 재료로 쉽게 사용되는 장점이 있다.

성인의 1일 고기 섭취량은 60g 정도이며, 신선하고 콜레스테롤 함량이 적은 고기를 선택하는 것이 좋다. 특히 한우의 경우 수입 고기보다 콜레스테롤 함량이 낮고, 도축된 후 2주 안에 소비되므로 신선하다. 고기에 부족한 비타민C와 베타카로틴, 엽산 등을 보충하려면 상추나 깻잎 등의 채소를 함께 먹으면 된다.

피부에 좋고, 노화 방지에 좋은 음식 열한 가지

우리 몸에서 노화를 가장 빨리 느끼는 부위는 피부다. 흐르는 세월을 잡을 수는 없지만, 피부 노화를 잡는 노하우는 많다. 먼저 피부 노화의 주범인 자외선을 차단하는 것과 피부 노화를 촉진하는 흡연, 과음, 스트레스를 피하는 것이다. 촉촉하고 윤기 있는 피부를 위해서는 수분 보충을 해주는 것이 중요하므로 물을 수시로 먹는 것이 도움이 되며, 신선한 과일과 채소를 통해 비타민을 먹으면 산화에 의한 세포 노화를 막을 수 있다. 비타민A는 항산화제로 피부의 색소 침착, 주름 형성을 막아주며, 비타민C는 멜라닌 색소의 생성을 억제해 기미, 주근깨를 방지하고, 비타민E는 항산화 작용으로 노화를 예방한다. 숙명여자대학교 식품영양학과 한영실 교수가 추천한 피부 노화 방지에 좋은 식품 일곱 가지를 소개했다. 필자는 여기에 토마토, 아보카도, 브로콜리, 검은콩 등 네 가지를 더해서 열한 가지 식품을 소개하려 한다.

(1) 피부 미백엔 '피망'

피망은 A, C, E 등 다양한 비타민이 풍부하게 들어 있어 피부 미백에 좋으며, 카로티노이드가 포함돼 있어 신진대사 촉진, 피부를 윤택하게 해 주름살이 감소하는 효능이 있다. 독일 뒤셀도르프대학교의 연구 결과에 따르면 피망에 풍부한 비타민인 베타카로틴은 햇볕으로 인한 피부 화상을 완화해주며, 비타민E가 효과를 더욱 증진해 주는 것으로 나타났다.

(2) 피부를 건강하게 하는 '당근'

당근에는 강력한 항산화제인 베타카로틴과 리코펜 색소가 들어 있어 자외선으로부터 피부 손상을 막아준다. 자외선에 노출된 사람들이 10~12주 정도 정상적인 식사와 함께 당근 주스를 매일 2컵 정도를 마셨더니 피부의 붉은 기운이 50% 줄었다는 보고가 있다. 또한 당근 속 베타카로틴은 여드름 개선에 효능이 있고 비타민A는 피부를 매끄럽게 하는 효과가 있다.

(3) 피부를 촉촉하게 하는 '시금치'

시금치에는 자외선으로부터 피부를 보호하는 색소인 루테인이 풍부하며, 항산화제인 비타민C가 풍부해 자외선으로 인한 유해 산소를 없애 기미 주근깨를 예방한다. 또한 미국 '임상 영양학' 저널에 실린 논문에 따르면 비타민C가 풍부한 시금치, 브로콜리 같은 음식들이 피부가 건조해지는 것을 막아주는 데 효능이 있다고 전했다.

(4) 피부병 방지하는 '다시마'

다시마는 갑상샘 호르몬의 생성을 도와 체내 신진대사를 활발하게 해 혈액 순환을 좋게 하며, 식이섬유가 풍부해 변비를 해소해 피부병을 막는다. 또한, 비타민C와 E가 들어 있어 노화 방지 및 맑고 깨끗한 피부를 유지하도록 돕는다. 다시마에 들어있는 아연은 '피부 미네랄'이라고 불릴 정도로 갖가지 피부병을 해결하는 데 효과적이다.

(5) 피부 노화 방지하는 '냉이'

냉이에 풍부한 비타민A는 베타카로틴이라는 상태로 존재해 항산화 작용으로 노화를 억제하는 역할을 하는데, 냉이에는 활성 산소의 과잉 발생을 막아주는 SOD도 풍부하여 활성 산소를 더욱 효과적으로 억제하여 준다. 게다가 냉이는 칼슘과 인, 비타민C 등도 풍부해 다이어트를 하는 여성과 아이들에게 좋다.

(6) 피부를 윤택하게 하는 '복숭아'

복숭아에는 수분뿐 아니라 피부 노화 방지에 좋은 '필수 아미노산'이 자두의 10배가 들어 있으며, 복숭아 속 비타민A 등 각종 비타민과 펙틴 등은 약해진 위의 기능을 원활하고 부드럽게 해주는 효능이 있어 얼굴빛을 좋게 한다.

(7) 피부 미용에 좋은 '앵두'

앵두에는 비타민A와 비타민C가 아주 많이 함유되어 있으며, 앵두의 즙은 미용 수의 성수라 불리는데, 소화 기관을 튼튼하게 하고 혈색을 좋게 한다. 히말라야 파키스탄 서북쪽에 '훈자'라는 장수 마을에는 90세에서 120세까지 노인들이 튼튼한 심장과 치아, 윤기 있는 머리카락과 피부를 가지고 있는데, 대부분 사람이 앵두 씨의 알맹이를 말리거나 기름으로 짜서 먹는 등 연중으로 먹고 있기 때문으로 알려졌다.

(8) 토마토

토마토의 붉은색을 내는 리코펜 성분은 천연 항산화제인 카로티노이드 중 피부 노화 효과가 가장 뛰어나다. 비타민E가 풍부한 아보카도 역시 노화 방지에 효과가 좋다. 아보카도는 불포화 지방산과 단백질, 무기질, 비타민 등이 골고루 들어있다.

(9) 말린 살구

장수 마을로 유명한 히말라야 훈자 사람들은 간식으로 '말린 살구'를 즐겨 먹는다. 살구에 풍부한 카로티노이드 성분이 심장병과 암을 예방하고, 암 예방에 효과적인 리코펜을 다량 함유하고 있어 장수에 도움을 준다.

(10) 검은콩

항산화 효과가 뛰어나고 콜레스테롤을 낮추는 효과가 있는 콩 중에도 검은콩은 안토시아닌 색소가 풍부해 노화 방지에 좋다.

(11) 브로콜리

칼슘과 섬유질이 많을 뿐 아니라, 항산화 성분인 비타민C와 베타카로틴이 풍부하다. 이뿐 아니라, 항암 효과도 있어 건강한 노년을 보낼 수 있게 돕는다.

사과 껍질 채 먹으면 노화 따른 근육 손실 예방

나이가 들어 자연스럽게 근육 손실과 근력이 떨어진다면 매일 사과를 껍질 채 먹는 것이 좋을 것 같다. 최근 미국 아이오와대학교 연구팀은 하루 한 알 정도의 사과 섭취가 노화에 따른 근육 손실을 막는데 '특효'라는 연구 결과를 발표했다. 우리가 즐겨 먹는 사과는 잘 알려진 대로 영양분이 풍부하고 심장에 좋으며 체중 감량에도 효과가 있다. 이번 아이오와대학교 연구팀은 사과의 이 같은 효과에 주목, 늙은 쥐를 대상으로 한 실험을 했다. 그 결과 사과 껍질에 포함된 특정 물질이 늙은 쥐의 근육 손실과 위축을 최대 30%까지 떨어뜨린다는 사실을 밝혀냈다.

연구팀이 확인한 이 특정 성분은 사과껍질에 많은 우르솔산(ursolic acid)이다. 이 성분이 노화에 따른 근육 손실을 일으키는 단백질 ATF 4의 활동을 억제한다는 것이 연구팀의 설명이다. 특히 지난해 연구팀은 우르솔산이 근육 형성 역할을 하는 인슐린과 인슐린 유사 성장인자-1(IGF-1)를 활성화한다는 이번 논문과 같은 맥락의 연구 결과를 발표한 바 있다. 또한 지난 2012년에도 우르솔산이 칼로리 연소 기능을 지닌 갈색 지방과 골격근의 양을 증가시켜 비만을 억제한다는 사실도 밝혀냈었다.

연구를 이끈 크리스토퍼 애덤스 교수는 "나이 들어 찾아오는 근육 손실은 삶의 질과 건강에 큰 영향을 미친다"면서 "사과 껍질에 포함된 우르솔산이 근육에 큰 영향을 미치는 만큼 노화 억제를 위해서 사과를 통째로 먹는 것이 좋다"고 권고했다. 이어 "그린 토마토에 포함된 성분인 '토마티딘' 역시 우르솔산과 같은 효과를 발휘한다"고 덧붙였다. 이번 연구 결과는 미국의 국제 학술지인 「생화학저널」(*The Journal of Biological Chemistry*)에 발표됐다.

과일 제대로 알고 먹자

가을에는 사과, 배, 석류, 귤 같은 제철 과일이 넘쳐난다. 대부분 가정에서는 과일 껍질은 깎아내고 과육만 먹는다. 하지만 과일 껍질에 의외로 많은 영양분이 들어 있다. 최근 농촌진흥청은 껍질째 먹는 배와 사과를 개발해 보급하고 있다. 과연 과일 껍질엔 얼마나 많은 영양분이 들어 있는 걸까. 섹시함의 대명사 마돈나부터 톰 크루즈, 클린턴 전 미국 대통령까지 '마크로비오틱'을 즐긴다. 과일과 채소를 통째로 먹는 식습관이다. 특히 알록달록한 색깔의 과일 껍질엔 식물의 생리활성 물질인 '피토케미컬(또는 피토뉴트리언트)'이 과육보다 대체로 많다. 껍질은 외부 위협 요인으로부터 자신을 보호하는 방패나 다름없다. 그래서 껍질의 피토케미컬엔 노화를 막는 기능성 물질인 '폴리페놀'이 유독 많다. 이것이 과일을 껍질째 먹으면 좋은 이유다.

과일은 제철에 즐겨야 영양가가 가장 높다. 가을철 제철 과일인 사과는 '하루에 사과 한 개면 의사가 필요 없다'는 서양 속담이 있을 만큼 건강에 유익한 물질이 풍부하다. 특히 사과 껍질에 근육 노화를 막는 물질이 많은 것으로 밝혀졌다.

UPI통신과 메디컬 익스프레스 보도에 따르면 미국 아이오와대학교 내과 전문의 크리스토퍼 애덤스 박사는 사과 껍질에 든 우르솔산(ursolic acid)이 근육 노화를 일으키는 단백질을 억제한다는 연구 결과를 내놨다. 이 연구에 따르면 노화로 근육이 약화하고 위축된 '늙은 쥐'에게 0.27%의 우르솔산이 든 먹이를 두 달 동안 먹게 했다. 그랬더니 근육량이 10% 늘고 근력이 30% 좋아졌다. 이는 '젊은 쥐'의 근육량, 근력과 맞먹는 수준이다. 또 사과 껍질엔 암세포 증식을 억제하는 성분이 사과의 과육보다 많다. 농촌진흥청 연구에 따르면 동결 건조한 사과 껍질이 간암 세포의 증식을 강하게 억제하는 것으로 나타났다. 사과 껍질의 트라이테르페노이드 성분이 암세포 증식을 막는다는 연구도 나와 있다.

배는 노화의 원인인 유해 산소를 없애주는 쿼세틴, 루테올린 같은 폴리페놀이 들어있다. 손상된 DNA의 회복 작용을 촉진한다. 식이섬유소가 많아 대장암 발병률을 낮추는 과일로 유명하다. 소화 기관 내 콜레스테롤이 흡수되지 못하도록 해 혈중 콜레스테롤 수치를 줄여 주기도 한다. 혈압 상승을 유도하는 효소가 움직이지 못하도록 막아 고혈압을 예방한다. 특히 배의 항산화 물질인 '폴리페놀'은 껍질 → 과심 → 과육 순으로 많다. 배를 껍질째 섭취하면 좋은 이유다.

석류는 클레오파트라, 양귀비 등 절세미인들이 즐긴 과일로도 유명하다. 석류의 30% 이상을 차지하는 껍질에는 피부를 맑고 탱탱하게 만들어 주는 성분이 많다. 대부분 사용되지 않고 버리는 석류 껍질에서 미백·주름 예방에 효능이 있는 일라직산을 추출해 이를 함유한 기능성 천연 비누도 나오고 있다. 인도에선 석류 껍질을 비롯해 꽃, 잎, 열매 등 석류의 모든 부위를 약으로 쓴다.

귤은 한국인이 가장 많이 먹는 과일이다. 귤에는 비타민C가 100g 당 44(조생종)~48㎎(보통종)이나 들어 있다. 피부 건강, 감기 예방, 스트레스 해소, 담배의 독성 완화를 위해 귤 섭취가 권장되는 이유다. 귤의 비타민C는 과육보다 껍질에 더 많이 들어 있다. 또 귤의 '헤스페리딘'은 모세혈관을 튼튼하게 해주는데 귤의 속껍질에 많이 들어 있다. 일부 병원에선 고혈압·동맥 경화 등 혈관질환 환자에게 귤을 속껍질째 먹으라고 권장한다.

껍질에 묻은 이물질 싹 씻고 먹어야

과일 껍질에 영양분이 풍부하다는 사실을 알아도 먹기 찜찜할 때가 많다. 잔류 농약 같은 이물질이 껍질에 많기 때문이다. 농촌진흥청 관계자는 "과거엔 고독성의 농약을 5~7일에 1회꼴로 강하게 사용했지만, 현재는 인체에 해가 없는 수준"이라며 "물로 충분히 씻어도 건강상 해를 끼칠 정도는 아니다"라고 말했다. 과거보다 저독성의 농약을 쓰는 데다 농가에선 출하 시기를 계산해 농약의 강도를 달리한다는 설명이다.

III. 당신의 백세시대(百歲時代), 장수의 비결

1. 튼튼한 위와 장이 연다

"위와 장이 튼튼해야 오래 산다"는 말이 있다. 길게 봤을 때 다른 기관보다 위와 장이 건강한 사람이 장수할 수 있다는 것이다. 본격적으로 소화가 시작되는 기관인 '위'와 좋은 원소를 몸에 흡수하는 기관인 '장'에 대한 역할과 위와 장이 건강해야 하는 이유, 위장 건강에 좋은 음식에 대해 알아보자.

위·장의 면역시스템, 전신 건강에 영향

위와 장의 면역체계는 우리 몸에 매우 중요하다. 외부에서 들어오는 발암 물질과 세균, 바이러스로부터 우리 몸을 지켜주기 때문이다. 분당 서울대학교 병원 소화기내과 이동호 교수는 "위나 장의 세포벽이 벌어질 때 그 틈으로 우리 몸을 공격하는 이물질이 들어온다"며 "이때 위와 장의 면역력이 약해지면 각종 염증 질환과 암을 일으킬 수 있기 때문에 위장의 역할이 중요하다"고 한다. 연근, 부추, 당근, 토마토, 브로콜리, 단호박 등 채소와 과일은 위장 건강을 위한 음식으로 선호됐다.

위에서 염산처럼 강한 산성인 '위산'이 분비되는 것도 이런 이유에서다. 위에서 분비되는 강력한 위산이 몸에 들어온 해로운 균과 싸워 세균으로부터 우리 몸을 방어해주는 역할을 하는 것이다. 좋은 영양분이 위에서 장까지 갈 수 있도록 가장 먼저 위에서 돕는 셈이다. 장 또한 영양분을 흡수하는 것은 물론 몸 밖의 유해 물질로부터 몸을 지켜주는 든든한 군사 역할을 하므로 건강에 중대한 영향을 미친다. 장의 면역체계가 나쁜 사람들의 경우 각종 염증성 질환과 알레르기, 아토피, 암 등을 유발한다는 내용의 연구들이 보고되고 있다. 이 교수는 "장의 방어벽이 무너진다는 것은 단순히 장만의 문제가 아니라 전신(全身) 건강과 연관이 있다"며 "이 때문에 장이 건강해야 한다"고 강조했다.

2. 사과, 양배추, 특히 위장에 좋아

위와 장에 좋은 음식은 위에 자극을 주지 않으면서 섬유소가 풍부한 음식이다. 특히 사과는 위와 장에 모두 좋은 음식으로 꼽혔다. 성빈센트병원 윤민향 영양사는 "사과에 들어있는 식이섬유 펙틴은 위장 점막을 보호해 유해 물질을 막아줄 뿐 아니라 장운동까지 도와 대장 내의 나쁜 물질을 배출하는 역할을 한다"고 말했다. 붉은색 사과에 많은 폴리페놀 성분은 대장에 머무는 동안 항암 물질 생산을 도와 대장암 예방에 좋은 것으로도 나타났다.

또 양배추는 비타민A, C, K와 식이섬유, 칼슘, 칼륨 등을 갖고 있어 위점막을 단단하게 하고 위궤양을 예방할 뿐 아니라 섬유소가 풍부해 장에도 좋다. 연근, 부추, 당근, 토마토, 브로콜리, 단호박 등 채소와 과일도 선호됐다. 대체로 위 건강을 위해서는 위를 덜 자극하는 맵지 않고 싱거운 음식이 권장되며 장에는 섬유소와 유산균이 풍부한 요구르트, 치즈, 김치 등의 음식이 좋은 것으로 나타났다.

3. 운동이 정말 노화를 지연할까?

"젊은 사람의 핏속에 있는 단백질에는 노화된 세포를 부활시키는 힘이 있다"거나, "매일 탄산음료를 500mL씩 마시면 흡연자 수준으로 노화가 진행된다"와 같이 노화 관련 연구가 많이 진행되고 있는 이유는 많은 사람이 은연중에 "조금이라도 오래 살고 싶다"고 생각하고 있기 때문일 것이다. 그만큼 노화는 우리 인류의 가장 큰 관심 사항 중 하나라고 할 수 있다. 그런데 최근 과학자들이 운동을 통해 세포 노화를 지연시킬 수 있음을 시사하는 연구 결과를 내놔 관심이 쏠리고 있다.

우리 몸을 구성하는 세포의 나이를 정하는 것은 매우 어렵다고 한다. 이는 우리 나이와 생물학적인 세포 나이가 좀처럼 일치하지 않기 때문이다. 이런 생물학적 나이를 측정하기 위해서 많은 과학자는 세포의 텔로미어 길이를 측정하는 방법을 사용한다. 이런 측정법이 "세포가 실제로 몇 살인지?"를 정하는 것은 아니지만 "앞으로 세포가 얼마나 작동할 수 있는가?"를 정하는데 좋은 척도가 되는 셈이다. 여기서 텔로미어는 DNA의 양 끝에 붙어있는 작은 뚜껑과 같은 것으로, 세포 분열과 복제 시 DNA를 보호하는 역할을 담당한다.

세포가 노화하면 텔로미어가 자연히 짧아진다. 즉 이것이 짧아질수록 "세포가 나이를 먹었다"고 판단하는 것이다. 텔로미어의 이런 단축 과정은 비만이나 흡연, 불면증, 당뇨병 등으로 빨라질 수 있다. 그런데 최신 연구를 통해 운동이 텔로미어의 단축 속도를 늦출 수 있다는 것이 밝혀지고 있다. 과거 비슷한 연령대의 운동선수와 운동을 안 하는 일반인을 대상으로 한 연구에서도 운동선수가 긴 텔로미어를 가진 것으로 나타났다. 하지만 당시 연구는 비교적 제한된 범위에서 시행된 것이었다. 그런데 최신 연구는 더 넓은 범위에서 운동과 텔로미어의 관련성을 조사한 것이다.

구체적으로 말하면, 이번 연구는 미국 정부가 주도로 수만 명의 성인을 대상으로 시행하고 있는 국민 건강 영양 조사(National Health and Nutrition Examination Survey, NHANES)에 축적된 방대한 자료를 사용했다. 여기에는 혈액 표본을 측정해 알아낸 '백혈구 텔로미어의 길이'와 설문을 통해 알아낸 '운동 습관' 등이 담겨 있다. 연구진은 이번 연구에서 20세부터 84세까지의 성인 6,500명의 자료를 사용했는데, 이들이 '얼마나 운동하는지'에 따라 여러 그룹으로 나눴다.

그룹화는 지난 한 달 사이에 '근력운동을 했는지', '걷기와 같은 적당한 운동을 했는지', '달리기와 같은 활발한 운동을 했는지', '직장이나 학교까지 걷거나 자전거를 타는지'라는 네 가지 질문에 관한 답변을 기초로 했다. 그 결과, 운동과 텔로미어의 길이에는 명확한 관련성이 있는 것으로 밝혀졌다.

젊음을 유지하며 장수하는 열여덟 가지 비결

젊게 오래 살 수 있는 비결은 무엇일까. 인간의 수명이 늘어남에 따라 어떻게 하면 장수하면서도 젊음을 유지할 수 있는가가 현대인의 큰 관심사다. 27일 미국 의학 정보 사이트 <웹 엠디>(WebMD)는 젊게 오래 사는 방법 열여덟 가지를 실었다.

(1) DNA를 보호하라

나이가 들면 염색체를 양 끝에서 보호하는 마개(텔로미어)의 길이도 줄어든다. 이렇게 되면 인간은 질병에 취약해진다. 한 예비 연구에 따르면 다이어트와 운동 같은 건전한 생활 습관은 텔로미어의 길이를 늘이는 효소를 활성화하는 것으로 나타났다.

(2) 매사에 성실하라

80년에 걸쳐 시행된 한 연구 결과에 따르면 장수 여부를 예측할 수 있는 최고의 변수는 성실한 성격이었다. 성실한 사람은 건강을 지키기 위해 더 많은 것을 하며, 더 나은 직업을 선택하고 사람들과 더

긴밀한 관계를 맺으며 산다.

(3) 친구를 사귀라

호주의 연구진은 사교성이 있는 노인은 친구가 적은 동년배와 비교했을 때 10년 안에 사망할 확률이 낮다는 사실을 확인했다. 기존 연구 148건을 분석한 결과도 다양한 사교 활동과 장수와의 관계를 입증하고 있다.

(4) 친구를 현명하게 선택하라

건강한 생활 방식을 가진 친구를 찾는 게 중요하다. 생활 습관이나 식습관이 나쁜 친구를 사귀게 될 경우, 전염되기 쉽다.

(5) 담배를 끊어라

50년간 실시된 영국의 한 연구 결과에 따르면 30세에 담배를 끊으면 수명이 10년 연장되며, 40세 때는 9년, 50세 때는 6년, 60세 때는 3년 목숨이 느는 것으로 나타났다.

(6) 낮잠을 자라

규칙적으로 낮잠을 즐기는 사람은 그렇지 않은 사람보다 심장병으로 죽을 확률이 37% 낮은 것으로 나타났다. 2만 4,000명을 대상으로 한 최근의 연구 결과다. 연구진은 낮잠이 스트레스 호르몬을 줄여 심장을 보호하는 것으로 보고 있다.

(7) 지중해식 다이어트를 하라

지중해식 다이어트는 과일과 채소, 곡물, 올리브유 그리고 생선을 위주로 한다. 기존 연구 50건을 분석한 결과 이 다이어트는 대사 증후군의 위험을 낮추는 것으로 나타났다. 대사 증후군은 비만과 고혈당, 고혈압 등이 합쳐진 것으로 심장병과 당뇨병 위험을 높인다.

(8) 오키나와 사람처럼 먹어라

일본 오키나와 사람들은 전통적으로 푸른색과 노란색 채소 위주의 저칼로리 다이어트 식단을 유지함으로써 한때 세계 최장수 지방의 위치를 지켰다. 그러나 최근 젊은 세대가 이런 전통에서 벗어나며 기대 수명도 줄어들었다.

(9) 결혼하라

결혼한 사람은 혼자 사는 사람보다 오래 사는 것으로 나타났다. 결혼은 사회적 경제적으로 큰 혜택을 준다. 심지어 이혼하거나 배우자를 잃은 사람도 결혼을 한 번도 하지 않은 사람보다는 사망률이 훨씬 낮은 것으로 나타났다.

(10) 체중을 줄여라

살을 빼면 당뇨와 심장병 그리고 생명을 단축하는 다른 요인을 차단할 수 있다.

(11) 움직여라

1주일에 2시간 30분 동안 적당한 수준의 운동을 해라. 이렇게 하면 심장병, 뇌졸중, 당뇨, 우울증 등에 걸릴 위험이 줄어들고, 나이가 들어도 정신력을 예민하게 유지할 수 있다는 연구 결과가 많다.

(12) 약간의 술을 마셔라

술을 적당량 마시는 사람은 전혀 마시지 않는 사람보다 심장병에 걸릴 가능성이 작다. 미국 심장협회는 하루에 여자는 1잔, 남자는 1~2잔 정도를 적당량으로 추천한다.

(13) 종교를 가져라

65세 이상의 노인들을 대상으로 12년간 실시된 연구 결과에 따르면, 매주 한 차례 이상 예배를 드리는 사람은 그렇지 않은 사람보다 면역계에서 핵심적 역할을 하는 단백질을 더 많이 가진 것으로 나타났다.

(14) 용서하라

원한을 털어버리면 불안감이 줄어들고, 혈압이 떨어지며 숨쉬기가 편안해진다. 나이가 들수록 이 같은 효과는 커진다.

(15) 안전 장비를 착용하라

한국에서 1~24세의 사망 원인 1위는 사고다. 교통사고의 경우, 안전띠만 잘 착용해도 사망이나 심각한 부상을 50% 줄일 수 있다.

(16) 숙면하라

잠자는 시간이 5시간 이하인 사람은 일찍 사망할 위험이 크다. 잠을 충분히 자야 각종 질병도 예방하고, 병에서도 빠르게 회복된다.

(17) 스트레스를 관리하라

요가나 명상, 복식 호흡을 해보자. 하루에 몇 분만 이렇게 투자하면 스트레스가 없어지고 생활이 달라진다.

(18) 목표를 가져라

취미생활을 비롯해 자신에게 의미가 있는 활동을 하면 오래 살 수 있다. 목적의식이 강한 사람은 뇌졸중, 심장병 등으로 사망할 위험이 낮으며 치매에 걸릴 위험도 적다는 다양한 연구 결과가 있다.

장수에 좋은 식품

세계 장수 마을에서는 어떤 음식을 즐겨 먹나? 일반적으로 장수에 좋은 음식은 무엇인가? 그리고 장수 식생활 습관에 관해서 밝혀보려 한다.

1) 세계 장수 마을에서 찾은 열 가지 장수 비결

인간은 누구나 오래 살고 싶어 한다. 그래서 100세 넘는 장수 노인들의 이야기를 들으면 비결이 무엇인지 궁금해한다. 일본 교토의과대학교 야모리 교수와 WHO의 협력으로 10년간 세계 25개국 57개 지역을 대상으로 한 연구에 따르면 장수하는 사람들의 식생활에는 공통점이 있다. '코카서스' 지역의 장수촌에서는 주식으로 옥수숫가루로 만든 빵, 죽, 과일, 채소를 먹고 고기는 별로 먹지 않는다. 가족과 좋은 친구를 많이 가지는 것이 장수의 조건이라고 믿고 있다.

인도 북쪽에 있는 '훈자' 장수촌에서는 주식으로 밀가루에서 가루를 빼고 남은 찌꺼기인 밀기울로 통째로 만든 빵과 과일, 채소, 포도과즙을 숙성시킨 음료를 먹는다. 주로 밭농사하며 바쁘게 살아간다. 남미 에콰도르의 '빌카밤바' 장수촌에서는 주로 감자, 옥수수, 푸른콩, 바나나, 옥수수를 삶아 만든 '레페'라는 수프를 즐겨 먹는다. 주식은 토란과 같은 감자류, 곡류, 두류와 채소이다. 최소량의 식사를 하고 농사하고 있으나 휴일에는 만사를 제쳐놓고 휴식을 취한다.

중국 위구르 지방의 '카슈가르' 장수촌에서는 옥수수와 미정백의 밀가루, 과일 채소를 주식으로 먹고, 고기는 아주 적게 먹어 비만한 사람이 적다. 같은 지방에 거주하지만 흰 밀가루, 육식을 많이 하는 공무원들은 당뇨병 발병률이 100배나 높다고 한다.

세계적인 장수 국가로 알려진 일본의 '오키나와' 장수촌은 다른 일본인과 마찬가지로 소식과 생선 섭취를 장수 요인으로 여기고 있다. 반대로 동물성 지방 섭취가 많은 핀란드나 브라질은 심근 경색의 발병률이 높은 것으로 알려졌다. 보건복지부의 장수 지역 연구에서 얻은 '장수를 위한 식생활 습관 열 가지 조건'은 다음과 같다.

(1) 소금을 적게 먹는다

소금은 고혈압, 뇌졸중, 동맥 경화 등 각종 성인병을 포함한 혈관계 질환과 관련성이 높다. 미시족의 식사는 소금을 섭취하지 않고, 중국의 광주는 소금을 절제한 식사로 고혈압이 드물다.

(2) 동물성 지방은 적당히 먹는다

육류에 많이 포함된 포화지방은 동맥 경화의 주범으로, 코카서스나 오키나와 등의 장수 지역에서는 고기를 먹을 때도 꼬챙이에 꿰어 굽거나 삶아 동물성 지방이 빠져나간 상태로 요리하여 과다한 지방 섭취가 되지 않도록 하고 있다.

(3) 채소나 과일은 많이 먹는다

장수 지역인 코카서스나 지중해, 실크로드의 오아시스 지역에서는 채소나 과일을 많이 먹는다. 반면에 네팔이나 티베트 등 채소나 과일이 많지 않은 지역의 수명은 평균적으로 짧다.

(4) 우유, 치즈, 요구르트를 먹는다

유제품에는 균형 잡힌 영양소가 풍부하고, 요구르트 등의 발효식품에는 장에 좋은 세균(유익균)을 키울 수 있어 건강에 이롭다.

(5) 질 좋은 단백질이나 타우린을 먹는다

세계적 장수촌인 오키나와에서는 콩을 사용한 두부 요리를 많이 먹고 있다. 질 좋은 단백질은 콩뿐 아니라, 생선으로도 섭취할 수 있다. 타우린 성분은 간 해독, 피로 해소, 성장 발육에 도움을 주는 영양분으로 오징어, 홍합, 문어 등 해산물에 많이 들어 있다.

(6) 편식하지 않고 여러 음식을 균형 있게 먹는다

몸에 좋다고 하여 그 음식만 먹거나 반대로 어떤 측면에서 몸에 조금 좋지 않다고 하면 전혀 입에 대지 않는 것이 아니라, 균형 잡힌 영양 섭취를 위해 다채롭고 다양한 음식을 섭취한다.

(7) 음식 속 영양 성분을 알고, 몸에 좋은 식사법을 배운다

최근에는 식품 포장지에 각종 영양소가 표기되어 있어 자신이 먹는 음식에 어떤 영양소가 많은지 관심을 기울인다면 전체적 영양 균형을 맞추고, 식생활 계획을 세우는 데 도움이 된다.

(8) 알맞은 운동을 하거나 일을 한다

나이를 먹어도 자신의 건강 상태에 맞는 가벼운 운동을 하거나 일을 하는 것은 노인의 건강 유지에 필수적이다. 코카서스와 같은 장수촌 노인들의 공통점 중 하나는 부지런히 몸을 움직인다는 점이다.

(9) 가족, 사회와의 연계를 소중히 하고 함께 식사한다

외로움은 장수의 적이다. 장수 지역의 식사 모습은 대체로 여러 명이 모여 대가족으로 식사하는 것으로 나타났다. 한남대학교 식품영양학과 이미숙 교수의 '국내 90세 이상 장수하는 사람들의 분석 리포트'에도 하루 세끼를 규칙적으로 먹고, 가족과 함께 식사하는 경우가 80% 이상으로 나왔다.

(10) 사소한 일에 구애받지 말고 명랑하고 즐겁게 보낸다

아무리 영양가가 높은 진수성찬을 접한다 해도 즐겁게 그것을 받아들이지 않는다면, 우리 몸에서 소화가 잘되어 좋은 영양 섭취가 되기는 어렵다. 스스로 건강하다고 믿으며, 긍정적으로 현실을 보는 사람들이 일반적으로 장수한다고 알려졌다.

세계 5대 장수 마을, 뭘 어떻게 먹고 있나?

'더 블루 존스 솔루션'이라는 책에는 건강하게 100세 이상 장수하기 위해서는 어떻게 먹고 살아야 하는지에 대한 조언이 담겨 있다. 블루존은 건강하게 장수하는 지역을 뜻한다.

책의 저자인 댄 뷰트너는 전 세계에서 100세 이상 장수하는 사람이 많은 지역 5곳을 중심으로 뭘 먹고 어떻게 사는지를 집중적으로 탐사했다. 이를 토대로 음식 정보 사이트인 <델리쉬닷컴>이 세계적인 장수 지역 5곳에서 주로 먹는 음식 등을 소개했다.

이카리아(그리스)	감자, 염소젖, 꿀, 콩류, 약초, 레몬, 페타 치즈, 과일, 생선
오키나와(일본)	여주, 두부, 마늘, 현미, 녹차, 표고버섯
사르디나(이탈리아)	염소젖, 양유치즈, 발효 빵, 보리, 펜넬, 잠두콩, 병아리콩, 토마토, 아몬드, 밀크, 씨슬차, 올리브유, 와인
로마 린다(미국)	두부, 아보카도, 연어, 견과류, 콩류, 오트밀, 통밀 빵, 두유
니코야 반도(코스타리카)	달걀, 쌀, 콩류, 옥수수, 호박, 파파야, 얌, 바나나, 복숭아, 야자

이런 식품과 함께 이 지역 사람들의 식습관 세 가지도 소개했는데, 그것은 △ 위가 80% 정도 찼다고 느껴지면 그만 먹는다. △ 저녁이나 밤에는 그날의 식사 중 가장 적게 먹는다. △ 채소를 많이 먹고 콩류를 특히 많이 먹는다. 육류는 소량으로 한 달에 5번 정도 먹는다. 등이다.

댄 뷰트너는 그의 책에서 "이런 식습관과 함께, 운동하고 가족과 이웃과의 유대감을 강화하면, 건강하게 100세 이상 장수를 누릴 수 있다"고 했다.

어르신에게 보충이 꼭 필요한 영양 네 가지

(1) 단백질

나이가 들수록 근육량이 감소하므로 단백질을 챙겨 먹어야 한다. 단백질이 부족하면 면역 기능 저하, 상처 회복 지연 등을 일으킬 수 있다.

음식: 고기, 생선, 달걀, 콩 등 하루 4~5회 섭취

(2) 칼슘

노화가 진행될수록 뼈에 있는 칼슘이 빠져나가 골다공증에 걸리기 쉬우므로 칼슘과 비타민D 보충에 신경 써야 한다. 골다공증은 운동 부족이나 술·담배도 원인이 되며, 칼슘을 몸 밖으로 배출하는 소금이나 카페인 섭취도 줄여야 한다.

음식: 우유 및 유제품을 하루 1회 섭취

(3) 비타민

비타민과 무기질은 몸의 정상적인 활동에 필수적인 요소인데, 비타민A, 비타민B12, 비타민D는 노인에게 부족하기 쉽다. 비타민A는 정상적인 시각 기능을 유지하는 데 중요한 역할을 한다. 면역체계의 주요 세포인 T림프구 활성화와 백혈구 성장과 분화에 필수적이다. 간, 유방, 대장, 전립선, 위암 발병 위험을 감소한다.

음식: 간, 당근, 고구마, 해바라기, 토마토, 해산물, 효모, 시금치, 파슬리, 냉이, 호박, 사과, 부추 등

비타민B군 중 비타민B12가 노인에서 문제가 되는 경우가 많은데, 섭취 자체가 감소하는 것도 원인이 되지만, 위장에서 흡수 저하로 인해 비타민B12 결핍이 있을 수 있기 때문이다. 이는 노인 신경 계통의 영향을 미치고, 엽산 결핍과 함께 노인 빈혈의 한 원인이 된다.

음식: 소간, 난황, 어육 등

비타민D는 칼슘과 함께 골다공증 예방에 필수적인 영양소이다.

음식: 달걀노른자, 정어리, 고등어, 대구 간유(Cod Liver Oil), 비타

민D 강화 유제품 등

(4) 수분

나이가 많아지면서 체내 수분 함유량은 점차 감소하게 되고, 갈증 반응이 둔하게 되어, 필요한 수분 섭취가 이루어지지 않는 경우가 많다. 수분을 적게 마셔서 변비나 탈수 현상이 생기기 쉬우므로 하루 8잔의 물을 섭취하여 수분을 보충해야 한다.

그 밖에도 곡류 전분류를 하루 4회 섭취하는 등 전체적으로 균형 잡힌 영양을 섭취하려고 노력해야 한다. 노년기의 영양 상태는 건강을 결정하는 주요한 요인으로 균형 잡힌 영양을 섭취하지 못하면 면역 능력의 감소, 신체 활동 능력 감소 등으로 인해 당뇨, 고혈압, 심혈 관계 질환 등의 만성 질환과 골다공증 등의 질환 발병 위험이 커지므로 반드시 주의가 필요하다.

균형 잡힌 영양 섭취의 중요성은 알고 있지만 음식을 통해 모든 영양소를 골고루 섭취하기가 막상 쉽지는 않다. 특정 영양소를 늘리기 위해 한 가지 음식만 집중적으로 섭취하다 보면 영양소의 균형이 깨지기 쉽기 때문이다. 또한, 홀로 거주하는 독거노인의 경우, 혼자 음식을 준비하면서 균형 잡힌 식사를 하기 어려운 것도 이유 중 하나다. 이럴 때 노년층에 필요한 영양소를 모두 담은 '대상 뉴케어 데이밀'과 같은 영양 보충식을 간편히 활용하면 좋다.

장수하는 식습관, 이렇게 하세요

건강식품에 관심이 집중되면서 특히 장수하는 식습관에 관심이 많다. 장수 요인 중 '식습관'은 매우 중요하다. 많은 질병이 식습관과 관계되어 있기 때문이다. 무엇을 어떻게 먹어야 장수할 수 있는지 알아본다. 무엇보다 칼로리를 줄이는 게 중요하다. 배가 부를 때까지 음식을 먹는 것이 아니라 약간 부족하다 싶을 정도로만 먹는 것이다. 과식은 위를 늘어나게 하고 이는 위장병의 원인이 된다. 소식하되 항상 일정량을 먹어 위에 부담을 주지 않는 것이 중요하다. 음식은 가능하면 단순하게 조리해야 식품의 영양은 파괴하지 않으면서 재료가 지닌 고유의 맛과 영양분을 충분히 섭취할 수 있다.

식사는 천천히 오랫동안 씹어 먹는다. 음식물을 씹는 과정에서 분비되는 타액은 항산화제의 역할을 하는데, 이 항산화제는 소화 작용을 돕고 위와 장에 관련된 각종 질병을 예방하는 데 도움이 된다. 또 음식물을 씹는 행위는 뇌에 자극을 주어 기억력이 좋아지는 데 도움이 된다.

하루 세끼 규칙적으로 식사하는 것이 중요하다. 정해진 시간에 일정량의 식사를 하는 습관을 들이는 것이 좋다. 식사 시간이 들쭉날쭉하면 위장 장애가 발생할 수도 있다. 많은 사람이 아침, 점심을 대충 때우고 저녁을 과식하는 경우가 많은데, 이러한 식습관은 위장병과 비만의 원인이 될 수 있다.

"어떤 음식을 먹느냐"도 중요하다. 최소 하루 2끼는 잡곡을 먹는

것이 좋다. 잡곡밥은 흰 쌀밥보다 영양가가 훨씬 풍부하여 건강에
좋다. 도정 한 흰쌀은 씨눈과 껍질을 제거하는 과정에서 영양분이
거의 깎여 녹말만 남아있다. 최소 서너 가지 정도의 잡곡을 섞어 지은
밥을 먹는 것이 건강에 좋다.

논문 150편 분석해보니 장수 식습관, 네 가지로 요약된다

100세 이상 장수하는 인구가 급격히 늘어나면서 건강하게 오랫동
안 사는 비결을 궁금해하는 사람들이 늘어나고 있다. 장수하는 인구
비율이 높은 지역에 사는 사람들의 특징은 무엇일까. 현재 대표적인
장수 지역으로는 그리스 이카리아섬, 사르데냐섬 고랭지, 일본 오키
나와, 미국, 로마 린다 등이 꼽힌다.

의료 전문가들이 이 지역에 사는 사람들의 식습관을 분석한 논문
150편을 조사해본 결과 장수하는 사람들에게서 공통적인 특징이 발
견됐다. 미국 건강 잡지 「헬스」가 이러한 분석 결과를 바탕으로 장수
하는 사람들의 식습관을 소개했다.

(1) 하루 식사의 95%는 식물성 식품

장수 마을에 사는 사람들의 공통점은 곡물, 콩류, 채소류 등의 식물
성 식품을 많이 먹는다는 점이다. 이들은 제철 과일과 채소를 충분히
먹고 남은 채소는 절이거나 말려 보관해 언제든 먹을 수 있도록 준비한
다. 특히 장수와 밀접한 연관이 있는 식물성 식품은 푸른 잎 채소다.

장수와 관련된 몇몇 연구논문들에 따르면 매일 조리된 잎채소를 한 컵 분량 먹는 사람들은 그렇지 않은 사람들보다 향후 4년 안에 사망할 확률이 절반으로 떨어진다.

(2) 육류는 주 2회 이하로 제한

오래 사는 사람들이라고 해서 육류를 전혀 먹지 않는 것은 아니다. 하지만 먹는 횟수는 최소화한다. 또 고기를 본격적으로 먹기보다 주식에 반찬으로 약간 곁들이는 정도로 먹는다. 평균적으로 한 달에 5번 정도 육류를 섭취하며 1회 섭취량은 57g 정도 된다. 육류의 종류는 닭, 양, 돼지 등 자신의 농장에서 기르는 것을 중심으로 종류에 상관없이 다양하게 먹는 경향을 보인다.

(3) 생선은 매일 조금씩

오래 사는 사람들은 매일 평균 85g 정도의 생선을 먹는다. 미국인 9만 6,000명을 대상으로 진행된 연구에 따르면 가장 장수하는 집단에 속하는 사람들은 식물성 식품 위주의 식사를 하면서 매일 생선을 조금씩 먹는다. 가장 좋은 생선 종류는 멸치나 대구처럼 먹이사슬의 중간 단계에 위치한 생선들이다. 이런 생선 종류는 수은을 비롯한 유해 물질에 상대적으로 덜 오염되기 때문에 안심하고 먹을 수 있다.

(4) 식별할 수 있는 상태로 조리하기

음식을 가공하고 나면 원재료의 상태가 어땠는지 알기 어렵다.

장수하는 사람들은 대체로 원재료의 모습을 알아볼 수 있는 상태로 조리해 먹는다. 달걀에서 굳이 노른자를 제거해 먹지도 않고 과일을 갈 때 걸쭉한 과육을 걸러내지도 않는다. 음식 재료 전체를 골고루 활용해 먹는 식습관이다.

제 3 장

적당한 운동과
다이어트

I. 적당한 운동

건강하게 장수하기 위해서는 유산소운동과 근력운동이 필요하다. 유산소운동은 소화기, 심혈관, 호흡기 등 순환기 계통의 원활한 기능을 위해서 뿐만 아니라, 뇌 건강을 위해서도 필수적이다. 근력운동을 함께 해야 한다. 60대까지는 두뇌와 마음으로 살 수 있다면, 70대 이후에는 근력으로 살아야 한다는 신념을 가지고, 근육 만들기에 심혈을 기울려야 한다. 그만큼 나이가 들수록 근력이 중요하다는 말이다. 일반적으로 나이가 들면 근육이 감소한다고 들 말한다. 30대 전후로 절정에 도달한 근육량이 80이 되면 절반으로 감소한다고 한다. 필자는 그것은 가짜 뉴스라는 것을 체험적으로 알게 되었다. 나이가 들면 운동량이 줄기 때문에 자연히 근육량이 감소하는 것이지, 늙어도 젊었을 때처럼 운동량과 활동량이 유지된다면, 결코 근육량이 감소하지 않는다.

필자는 젊어서는 운동할 여유가 없었다. 은퇴한 이후 시간적 여유가 생기자 계속 운동량을 증가해왔다. 그러자 근육량이 운동량에 비례해서 증가하는 것을 경험했다. 나는 현재 76세인데도, 지금이 내 인생에 있어서 가장 근육량 지수가 높고 근력도 좋다. 필자는 근력운동을 하기 전에는 젊었을 때도 팔 굽혀 펴기를 10개 도 할 수 없었지만, 지금은 30개는 할 수 있다. 근래에는 건강에 관한 관심이 커지면서 규칙적인 운동을 생활화해야 한다는 인식이 보편화되고 있다. 운동은 심혈관계의 건강을 지키는 데 도움이 될 뿐만 아니라, 마음을 건강하게 하고, 정신 에너지도 증진한다.

1. 꼭 실천해야 할 아침 건강 습관 다섯 가지

잠자리에서 일어날 때부터 아침에 실천하면 건강에 좋은 습관들이 있다. 이런 습관들은 활력과 창조성, 정신력도 높인다. 미국의 <앙트러프러뉴어닷컴>(Entrepreneur.com)이 새해를 맞이하면서 새로 시작하면 좋은 아침 건강 습관 다섯 가지를 소개한 바 있다.

(1) 스트레칭
아이들이 아침에 하는 행동을 유심히 관찰해보면 어른들과 비교가 된다. 어린이들은 잠자리에서 일어나면 길게 하품하며 몸을 뒤트는 자세를 취하는 등 잠을 완전히 깨기까지 '워밍 업'을 한다. 반면 어른들은 알람이 울리자마자 잠자리에서 일어나 핸드폰을 잡거나, 커피를 마신다. 이렇게 하는 대신 단 1분 만이라도 스트레칭을 하는 시간을 가져보자. 이런 스트레칭을 꾸준히 하면 신체적, 정신적 지구력이 향상된다는 연구가 있다.

(2) 핸드폰을 멀리하라

스마트폰 등 핸드폰을 잠자리 곁에 두고 알람 기능으로 사용하는 경우가 많다. 하지만 이는 아침부터 스트레스 수치를 높이는 원인이 된다. 핸드폰의 알람이 울린 뒤 눈을 뜨면 제일 먼저 핸드폰을 들여다보며, 메일 등을 확인하기 때문이다. 알람 없이 도저히 일어날 수 없다면 알람 기능만 있는 값이 싼 시계를 이용하고 핸드폰은 잠자리에서 되도록 멀리 두는 게 좋겠다.

(3) 먼저 물을 마셔라

잠자는 동안 체내 수분이 빠져나가기 때문에 잠자리에서 일어나서 커피부터 찾기보다는 먼저 물을 마셔야 한다. 커피를 마시기 전에 한두 잔(약 240~360㎖)의 물을 마시는 게 좋다. 오렌지 주스나 당분이 많이 함유된 음료는 시간이 지나면 무력감을 느끼게 하는 '슈가 크래시'(sugar crash)를 초래할 수 있다.

(4) 고단백 위주의 식사를 해라

아침 식사는 하루 세끼 중 가장 중요하다고 할 수 있다. 적당량의 아침을 먹어야 신진대사가 촉진되고 온종일 활력 있게 움직일 수 있다. 하지만 전문가들은 "탄수화물이나 당분 함량이 높은 음식은 너무 빨리 연소해 곧 공복감을 불러올 수 있으니 피하는 것이 좋다"고 말한다.

대신 단백질이 많은 음식은 에너지를 주고 점심까지 포만감을 유지한다. 이런 음식으로는 달걀과 땅콩버터, 과일이나 당분 등의 다른 첨가물이 없는 그리스식 요구르트 등이 꼽힌다.

(5) 걷는 시간을 가져라

잠을 완전히 깨기까지 잠자리에서 뒹구는 것보다는 빨리 일어나 움직이는 게 좋다. 추운 겨울에는 실내에서라도 걷는 게 좋다. 단 몇 분간 제자리 걷기를 하더라도 신진대사를 증진해 활력을 북돋운다.

필자는 잠자리에서 일어나기 전 30분 동안 매일 침대에 누워 스트레칭과 근력운동을 겸해서 20분 동안 운동한다. 우리 몸에는 하반신에 70% 이상의 근육이 있다. 우리 몸의 근육의 70~80%가 몸의 뒷면에 있다. 장딴지에서 허벅지, 엉덩이, 허리 근육, 어깨 승모근에 이르기까지 거의 모든 근육이 연결되어 있다. 이 근육들을 1차는 부분적으로, 2차는 전체적으로 세 번 반복해서 운동한다. 필자는 이 운동을 '백두대간 운동'이라 칭하고 10년을 계속해왔다. 일어나서는 국민 보건 체조와 목운동, 목 인파 샘 눌러주기, 옆구리 쳐주기, 배꼽 힐링 운동, 손바닥 치기와 악력 운동 동시에 하기, 귀야 놀자, 팔 굽혀 펴기, 그물망에 넣은 공 양발로 차기, 아령 운동을 겸해서 40분 동안 근력운동을 한다.

2. 건강은 기본, 운동이 주는 강력 효과 네 가지

미국 건강잡지 「헬스」가 보도한 바에 따르면 운동을 통해 얻을 수 있는 혜택은 다양하다. 자신의 나이, 성별, 운동 능력의 여부와 상관 없이 누구나 이와 같은 이점을 누릴 수 있다.

(1) 스트레스 완화

학교나 직장에서 스트레스를 받는 하루를 보냈다면 귀가하기 전 피트니스센터에 들르는 것이 어떨까. 운동의 가장 큰 강점 중 하나는 정신 건강에 도움이 된다는 점이다. 운동은 신경 전달 물질인 노르에 피네프린의 농도를 높인다. 이 물질은 스트레스에 반응하는 뇌 영역을 조절해 스트레스를 떨어뜨리는 작용을 한다. 스트레스를 해소하려면 땀이 날 정도의 강도로 운동을 하는 것이 좋다.

(2) 행복 호르몬 증가

트레드밀이나 공원에서 몇 km씩 뛴다는 것은 결코 쉬운 일이 아니 다. 생각만 해도 눈살이 찌푸려진다. 하지만 다행히 막상 운동하고 나면 행복감을 상승시키는 엔도르핀이 분비돼 오히려 기분이 좋아진 다. 임상적으로 운동은 우울증을 감소한다는 연구 결과들도 있다. 우울감이나 불안감에 시달리고 있다면 가만히 앉아있지 말고 활동적 으로 몸을 움직여야 한다. 꼭 운동 코스에 따른 전형적인 운동을 해야 하는 것은 아니다. 어떤 형태로든 30분 정도 신나게 몸을 움직여주면, 그것만으로 충분하다.

(3) 자신감 상승

운동하면 자신을 보다 긍정적으로 평가하는 시각이 생겨 자신감이 상승한다. 자신의 체형, 몸무게, 나이, 운동 능력과 상관없이 자신을 사랑하는 마음이 생기게 된다. 또 이러한 마음가짐은 실질적으로 체형과 운동 능력의 변화를 이끈다.

(4) 인지 능력 감퇴 예방

나이가 들수록 뇌도 나이를 먹기 때문에 조금씩 기능이 떨어지게 된다. 그래서 생기는 질병이 알츠하이머와 같은 퇴행성 질환이다. 운동이 이러한 질환을 치유할 수는 없지만, 45세 이후 떨어지기 시작하는 인지 기능 감퇴를 지연시키는 역할은 할 수 있다. 특히 25~45세 사이에 운동하면 기억력과 학습 능력을 담당하는 뇌 영역인 해마의 감퇴를 예방하는 화학 물질의 분비를 늘릴 수 있다.

3. 뇌도 키우고, 운동의 생산 효과 세 가지

꾸준히 운동하고 건강식을 하고, 잠을 충분히 자 튼튼한 신체를 유지하면, 생산성이 향상한다. 특히 운동은 강하고 건강한 신체를 유지하기 위해 꼭 필요한 요소다. 미국의 경제매체인 「월스트리트 치트 시트」(Wall st. Cheat Sheet)가 운동의 생산성 증대 효과 세 가지를 소개했다.

(1) 운동은 뇌가 성장하는 것을 돕는다

뇌도 근육과 같다. 뇌를 쓰면 쓸수록, 더 많이 자란다. 하지만 충분히 쓰지 않으면 점점 나빠질 수 있다. 미국 하버드대학교 의과대학의 존 레이티 교수는 "실제로 운동은 다른 많은 활동보다 뇌세포를 더 많이 사용한다"고 말한다. 우리가 깨닫지 못하지만 운동할 때 신체와 함께 뇌도 운동하는 것이다.

(2) 운동은 긍정적 마인드를 갖게 한다

운동하면 할수록 일과 집 그리고 다른 여러 가지 일들에 대해 긍정적인 전망을 갖게 된다. 레이티 교수는 "운동은 더 많은 정신 에너지를 제공한다"고 말한다. 그는 "운동은 어떤 상황이 발생했을 때, 거기에 쉽게 대응하게 함으로써 더 생산적으로 되도록 도움을 준다"고 했다. 또 "운동은 사람을 더 적극적으로 만들기 때문에 세상으로부터 떨어져 있게 하지 않는다"고 덧붙였다.

(3) 운동은 정신적 나태를 방지한다

운동은 생각을 더 잘하도록 돕는다. 여기에 운동은 사람을 깨어있게 하고 더 기민하게 만든다. 레이티 교수는 "운동은 실제로 뇌 속에서 생각하는 부위의 양을 증가시키며, 생각을 빠르게 변화시킬 수 있는 뇌의 유연성에 영향을 미친다"고 했다. 그는 "운동이 장시간의 회의에서 더 집중하게 하고, 프레젠테이션 때 재빨리 대응하는 것 등에 도움이 된다는 사실을 알아야 한다"고 덧붙였다.

4. 노인, 뇌 건강 챙기려면 운동해야 한다

규칙적인 운동이 노인의 뇌 건강을 좋게 한다는 연구 결과가 발표됐다. 일리노이대학교 연구팀은 60~78세, 노인 88명을 대상으로 운동량과 뇌 건강의 연관성을 연구한 결과 이같이 밝혔다. 연구팀은 연구에 참여한 노인의 평소 운동 습관과 앉아있는 시간 등을 조사했다. 또한, 연구팀은 연구에 참여한 노인들에게 강도가 높지 않은 운동을 일주일에 적어도 150분, 강도가 높은 운동은 75분 하도록 했다.

이어 연구팀은 뇌 스캔 검사를 통해 연구 대상자의 뇌 백질 변화(white matter hyperintensities)를 관찰했다. 연구 결과, 규칙적으로 운동한 노인은 운동을 전혀 하지 않는 노인보다 뇌 백질 병변 증상이 적은 것으로 나타났다. 뇌 백질 병변은 인지 기능을 떨어뜨리고 알츠하이머, 우울증, 운동 장애, 뇌졸중의 위험을 증가시키는 것으로 알려졌다. 이에 대해 연구팀은 운동을 통해 회백질 사이를 연결하는 뇌의 조직이며, 정보를 전달하는 통로인 뇌 백질의 쇠퇴를 예방할 수 있다고 했다.

또한 집안일이나 화초를 돌보는 일과같이 가벼운 활동도 도움이 되는 것으로 밝혀졌다. 가벼운 운동을 자주 하는 사람은 언어와 이해를 처리하는 측두엽의 뇌 백질이 구조적으로 튼튼하고 반대로, 앉아있는 시간이 많은 사람은 백질의 구조적 건실 도가 낮았다. 하지만 연구팀은 이번 연구 결과에서 운동이 어떤 방식으로 뇌의 노화를 보호하는지 명확하게 밝히지는 못했다고 한다. 연구에 참여한 아니예츠카 버진

스카 박사는 "이번 연구 결과를 통해 사람들이 앉아있는 습관을 버리고 평소보다 더 많은 운동으로 뇌 건강을 지킬 수 있기를 기대한다"고 전했다.

5. 뇌와 마음을 건강하게 하는 운동법

과거의 의학은 A라는 병균이 B라는 질병을 일으킨다고 생각했다. 하지만 지금은 중간 단계의 질병이 많다는 것이 알려졌고, 이에 통합적인 접근이 중요해졌다. 운동 역시 몸의 움직임뿐 아니라, 뇌와 마음을 같이 움직이는 운동을 해야만 심신의 치유가 가능해진다. 뇌와 마음의 연결 고리를 만드는 운동법을 소개한다.

(1) 걸으면 뇌가 커진다

걷기 운동은 유산소운동으로 체지방을 태우고, 대사를 촉진하며, 몸매도 유지해준다. 하지만 걷기 운동이 중요한 이유 중 또 하나는 뇌 건강 때문이다. 뇌는 전체 몸무게의 2%밖에 안 되지만, 우리 몸에서 사용되는 산소의 20%를 쓸 정도로 중요한 기관이다. 따라서 몸의 혈액 순환을 원활하게 하고 근육을 키우는 것도 중요하지만, 뇌를 건강하게 하는 운동법에 대해서도 주목해야 한다. 자주 걸으면 팔다리의 근육이 커지듯, 뇌도 커진다. 이때 헬스장의 트레드 밀에서 걷는 것보다 실외에서 시속 6km 정도의 빠른 걸음으로 걸어야 인지 부분을 담당하는 전두엽 등의 피질이 두꺼워진다.

단순히 앞만 보고 걷는 게 아니라, 주변을 살피거나 경사가 있는 길을 오르락내리락하며 걸어야 뇌를 활발하게 활용할 수 있어서다. 이런 식으로 6개월 동안 꾸준히 걸은 후 MRI 검사를 하면 언어 중추를 담당하는 측두엽과 전두엽이 운동 전보다 발달한 것을 확인할 수 있다. 나이가 들수록 뇌세포의 숫자가 줄어들고, 무엇보다 뇌 신경세포들이 만나는 부분인 시냅스가 줄어드는데, 이것은 치명적이다. 이 시냅스는 어릴 때부터 악기를 다루는 등 손을 많이 쓰는 활동을 하면 많이 만들어진다.

하지만 나이가 들수록 점점 파괴되는데, 걷기 운동 등을 꾸준히 하면 뇌세포의 손상을 회복시키고 보호하는 역할을 하는 BDNF(뇌 신경 영양 인자)라는 물질이 분비돼 뇌 건강에 도움이 된다. 또한 신경 물질인 '베타엔도르핀'이 만들어져 기분이 좋아진다.

(2) 과정을 외워야 하는 운동이 좋다

다양한 운동법이 있지만, 뇌가 좋아하는 운동은 과정을 외워야 하는 운동이다. 한 가지 동작하면서 다음 동작을 생각하면 뇌의 활용도가 높아지고, 부드러운 동작을 반복하면 관절, 근육을 강화할 수 있다. 그중에서 태극권은 '승강개합'(昇降開合)이라는 원칙에 따라 쉽게 따라 할 수 있는 운동으로 적합하다. 승강개합은 팔이나 다리 등을 올리고, 내리고, 벌리고, 모으는 동작 등을 조합해서 하는 운동이다.

세계적으로 태극권에 관한 연구가 많이 이뤄지고 있는데 미국국립보건원 산하의 국립 보완·대체의학센터(NCCAM)에서도 그 효과를 인정했다. 태극권이 운동 효과가 큰 근본적인 이유 중 하나는 모든 과정을 암기해 진행하면서 몸을 움직이는 '운동+명상'의 형태이기 때문이다. 이런 운동은 '마인드 보디 메디슨'이란 이름으로 최근 들어 더욱 주목받고 있다. 요가와 태극권은 동작을 외워서 하고 명상 등을 통해 에너지를 순환시키는 운동이라는 공통점이 있다. 특히 장소에 구애받지 않아 겨울철에 더 적합하고, 특히 요즘처럼 미세 먼지 때문에 실외 운동이 힘들 때 하는 것이 좋다. 요가, 태극권 등도 여러 가지 규칙과 복잡한 방법이 있지만, 기본 동작만 익혀 20~30분 정도 반복한다면 운동 효과를 크게 볼 수 있다.

먼저 발을 어깨너비로 벌리고 발끝을 안쪽으로 향하게 서는 동작을 취해보자. 이때 무릎은 살짝 구부리고 상체를 세우면서 팔은 앞으로 뻗는다. 간단한 동작 같지만, 잠시만 하더라도 땀이 흐를 정도로 운동 효과가 높다. 이를 '역근경'이라고 하는데, 일상생활에서 사용하는 관절, 근육을 반대 방향으로 쓰되 아주 천천히 몸을 움직이는 것이다. 몸을 휙휙 움직이는 것은 '근력운동'에 속하지만, 천천히 움직이면 뇌를 자극하게 된다.

(3) '숨쉬기 운동'부터 제대로 할 것

이때 무엇보다 중요한 것은 호흡을 천천히 하는 것이다. 1분에 4~5회 들이쉬고 내쉴 정도로 호흡을 천천히 한다. 평상시 성인은 1분의 14~16회 정도 호흡하는데, 이런 명상 운동은 서서히 호흡수를 줄이면서 깊이 숨을 들이쉬고 내쉬는 것이 포인트다. 우리는 흔히 '숨쉬기

운동'을 무시하는 경우가 많다. 하지만 호흡은 통증 관리를 할 때 가장 기본으로 배울 만큼 중요한 운동이다. 보통 사람들은 호흡할 때 폐의 3분의 1 정도만 사용하는데 제대로 호흡하는 법을 배우면 폐를 충분히 활용할 수 있다.

교감 신경이 올라가면 숨이 가빠지는데 자율 신경을 유일하게 조절할 방법은 호흡밖에 없다. 그리고 명상을 제대로 할 때 뇌파를 재면 세타파가 나오는데, 이는 치유 효과가 있다. 스트레스 정도가 높은 사람에게는 이 세타파가 나오지 않는다. 간단하면서도 효과적인 명상법을 소개하면 이렇다. 먼저 가슴을 펴고 편안한 자세로 앉는다. 소파에 기대도 좋다. 자신이 좋아하는 장소에 있다고 가정해보자. 고요한 아침의 숲을 천천히 거닐면 피톤치드 향이 가득한 공기를 마시고 있다고 상상하라. 머리끝부터 발끝까지 천천히 힘을 뺀다. 호흡은 자연스럽게 하면서 숨을 들이마실 때, '나는', 내쉴 때 '편안하다'고 속삭인다. '나는 편안하다'고 말함으로써 뇌에 편안하다는 생각을 갖게 하면 실제로 심신이 이완되는 효과가 있다.

갑자기 스트레스를 받거나 화가 나면 맥박이 빨리 뛰는 것을 자주 경험할 것이다. 이는 신체적, 정신적으로 큰 변화이지만, 그냥 지나치는 경우가 많다. 이렇게 생활 속에서 생긴 스트레스를 풀 때뿐 아니라 매일 명상을 하는 습관을 기르면 몸과 마음의 건강을 지킬 수 있다.

몸과 마음을 다스리는 태극권의 기본 동작 다섯 가지

최환석 가톨릭의과대학 가정의학과 교수가 일상생활에서 쉽게 따라 할 수 있는 태극권 기본 동작 다섯 가지를 소개했다. 천천히 다섯 동작을 반복하면서 하루 20~30분씩 하면 효과적이다.

(1) 마당

양 무릎을 45도가량 구부리고 '엉거주춤' 앉는다. 허리, 관절, 무릎이 좋지 않아 고생하는 사람에게 좋다.

(2) 당당

양 무릎을 45도가량 구부리고 앉았다가 한쪽 무릎을 편다. 그리고 구부린 다리 쪽으로 중심을 이동한다. 엉덩이는 뒤로 빼고 허리를 곧추세운다. 이 동작은 허리를 튼튼하게 해준다.

(3) 아현당

한쪽 무릎은 펴고, 다른 쪽 무릎은 구부린다. 이어서 엉덩이를 뒤로 빼면 몸이 휘어서 새가 하늘을 날아가는 형상이 된다. 이 동작은 노안을 지연시키고 발목을 강화한다.

(4) 궁당

무릎을 45도가량 구부리고 있다가 한쪽 다리를 쭉 뻗는 동작이다.

장시간 앉아있는 사람에게 권한다.

(5) 한계당

한 다리로 몸을 지탱하고, 다른 쪽 무릎을 구부린 뒤 구부린 다리가 아랫배에 닿을 때까지 90도 이상 들어 올린다. 이 동작은 변비 예방에 도움이 된다.

운동은 인체 튜닝, 늙지 않는 비결 일곱 가지

운동을 얼마나 하는지, 또는 얼마나 스트레스를 잘 해소하는지 등 일상생활의 습관에 따라 나이보다 더 젊어 보이기도 또는 더 늙어 보이기도 한다. 어떻게 해야 더욱더 젊게 오래 살 수 있을까. 미국의 ABC뉴스가 그 비결 일곱 가지를 소개했다.

(1) 적정 체중을 유지하라

「비만(Obesity) 저널」에 실린 연구에 따르면, 비만이 되면 당뇨병, 암, 심장병 발병 위험이 커지고 우리 몸을 12년은 더 늙게 만드는 것으로 나타났다. 하지만 너무 말라도 골다공증 위험이 커지고 면역 기능이 떨어지게 된다. 적정 체중을 유지하는 게 중요하다.

(2) 스트레스를 잘 풀어라

만성적인 스트레스는 늙었다는 느낌이 들게 하고, 실제로 나이를 들게 한다. 2012년 호주에서 나온 연구에 따르면, 업무와 관련된 긴장 감은 세포 속 DNA에 손상을 주고, 텔로미어의 길이를 짧게 하는 것으로 나타났다. 텔로미어는 유전 정보를 담고 있는 염색체 가닥의 양쪽 끝에 붙어있는 꼬리로서 세포가 분열할 때마다, 길이가 점점 짧아진다. 텔로미어가 모두 닳아 없어지면, 세포는 분열을 멈추고 죽거나, 기능이 망가진다. 조직과 장기의 기능도 이에 따라 저하된다.

스트레스를 완전히 없애는 것은 불가능하다. 하지만 미국 보스턴 대학교 의과대학의 토마스 펄스 교수는 "중요한 것은 스트레스를 어떻게 관리하느냐 하는 것"이라며, "기도나 요가, 명상 등 스트레스를 해소할 방법을 찾아야 한다"고 말한다.

(3) 교류하라

단지 페이스북의 친구가 아니라 자주 만나는 친구가 있다는 것은 건강한 삶에 중요하다. 호주에서 나온 연구에 따르면, 친구가 많은 사람은 적은 사람에 비해 수명이 22% 더 긴 것으로 나타났다.

(4) 꾸준히 운동하라

이상적인 운동법은 3일은 유산소운동을, 2일은 근력운동을 하는 것이다. 이렇게 운동하면 노화를 늦출 수 있다. 전문가들은 "운동은 자동차로 말하면 엔진을 튜닝하는 것과 같은 것"이라며 "운동을 통해 비만은 물론, 각종 질환을 예방할 수도 있다"고 말한다.

(5) 단백질에 대해 재검토하라

핫도그나 소시지, 소금에 절인 베이컨 등 가공 육류를 많이 먹으면 심장병, 당뇨병, 대장암 발병 위험이 커진다는 연구 결과가 많다. 가능한 한 가공육을 안 먹는 게 좋다.

(6) 술을 자제하라

과음을 자주 하게 되면 몸속 장기가 손상을 입는다. 또 면역체계가 약화하고 몇 가지 암 발생 위험이 증가한다.

(7) 담배를 끊어라

담배를 피우면 폐암 위험만 커지는 게 아니라 심장병과 각종 암 위험도 커진다. 하루에 담배 한 개비만 피워도 수명을 15년 단축할 수 있다. 당장 금연을 하면 1년 후에는 심혈관 질환 발병 위험이 반으로 준다는 연구 결과도 있다.

혈관 청소부, HDL콜레스테롤 높이려면 운동이 답이다

몸에 나쁜 LDL콜레스테롤 수치가 높아도 문제지만, 몸에 좋은 HDL콜레스테롤이 부족해도 건강에 문제가 생긴다. HDL콜레스테롤은 우리 몸에서 LDL콜레스테롤을 간으로 운반해 분해하는 '혈관 청소부' 역할을 하기 때문이다. HDL콜레스테롤이 부족한 상태인 저 HDL 콜레스테롤 혈증은 협심증이나 심근 경색증 등 허혈 심장 질환의 발병

요인이 된다. HDL콜레스테롤이 1mg/dL 감소할 때마다 허혈 심장 질환 발병 위험이 2% 증가하는 것으로 알려졌다. 이러한 저 HDL 콜레스테롤 혈증이 증가하는 주원인은 비만이다. 비만은 HDL 콜레스테롤 생성을 억제하는 혈중 중성 지방 수치를 높인다.

비만한 사람이 운동으로 살을 빼면 HDL 콜레스테롤 수치는 저절로 올라간다. 운동하면 심폐 기능이 향상되고 혈액 순환이 원활해지며, 혈액 중 지질을 분해하는 효소가 활성화돼 LDL이 감소하고, HDL이 증가하기 때문이다. 이 경우에는 속보, 자전거, 수영, 조깅 등 유산소운동이 도움이 된다. 운동은 주당 3~5일, 1일 40~60분이 적당하다. 운동 강도를 높이는 것보다 운동 시간을 늘려가는 게 좋다.

유산소운동과 근력운동을 병행하면 대사 증진에 영향을 미치므로, 피로를 느끼지 않는 선에서 시행한다. 운동 전후에는 허리, 허벅지, 종아리, 어깨 등 주요 근육 스트레칭을 한다. 스트레칭은 최대한 근육을 늘렸을 때, 통증이 없는 범위에서 자세를 15~30초간 유지하고, 같은 동작을 2~4회 반복한다.

이 밖에 약간의 알코올은 HDL콜레스테롤이 줄어드는 것을 막는 효과가 있다. 어떤 술이든 하루에 한 잔 정도 꾸준히 마시면 약 4mg/dL의 HDL 콜레스테롤 상승효과를 볼 수 있다. 하지만 그 이상으로 마시면 중성 지방이 늘어나 HDL콜레스테롤이 줄어들기 때문에 과음은 금물이다. 니코틴과 일산화탄소는 LDL 콜레스테롤을 산화하고, HDL 콜레스테롤을 감소하므로 흡연은 지양해야 한다.

운동하는 약선 한의사, 왕혜문의 헬시 라이프

각종 매체를 통해 약선 요리에 대한 해박한 지식을 선보이며 '요리하는 한의사'로 이름을 알린 왕혜문, 이제는 그녀를 '운동하는 한의사'로 불러야 할지도 모르겠다. 최근 방송 프로그램을 통해 식이요법과 운동으로 다져진 탄탄한 복근을 공개했다.

1) 먹는 것이 곧 나를 말한다

촬영장에 나타난 왕혜문의 모습은 조금 놀라웠다. 긴 생머리에 살짝 태닝 한 듯 건강해 보이는 피부, 탄탄한 몸매까지 정말 '7살가량' 어려 보였기 때문이다. 이제 막 40대에 들어선 그녀가 또래보다 젊어 보이는 데는 이런 스타일도 한몫하겠지만, 무엇보다 몸속에서부터 차오르는 건강함이 가장 큰 이유일 것이다. 그녀가 가장 중요하게 생각하는 건강 원칙은 '바른 먹을거리 챙겨 먹기'다. 음식은 몸속 균형을 잡아주는 역할을 하기에 자신에게 잘 맞는 음식을 챙겨 먹는 일이 중요하다고 이야기한다. 과거에는 술자리도 종종 즐기고 기름진 음식도 좋아했지만, 언젠가부터 제대로 된 식습관을 위해 마음속 우선순위를 바꿨다고 한다.

"예전에는 친구들과 어울려서 디저트를 먹는 것에 즐거움을 느꼈다면 지금은 '이게 진짜 내 몸에 좋은 것일까'를 먼저 떠올려

봐요. 당분이나 칼로리만 높은 음식은 순간적으로 입은 즐겁지만, 결국에는 몸에 부담으로 돌아오거든요. 제대로 된 음식을 먹고, 좋은 건강 기능 식품을 섭취하면 소화가 잘되는 것은 물론 영양소가 몸속 재생을 도와 다음 날 몸이 가뿐해지는 것을 느낄 수 있어요. 무엇을 먹느냐에 따라 겉모습도 달라지는 셈이죠."

그녀가 가장 경계하는 건, 바쁘다는 이유로 아무거나 먹는 '나쁜 식습관'이다. 그래서 매일 아침 일찍 일어나 해독 주스 한 잔을 마시고, 각종 채소를 걸쭉하게 갈아 만든 정화 수프에 견과류까지 넣은 도시락도 챙긴다. 거기에 체질별로 잘 맞는 건강 기능 식품까지 꾸준히 먹고 있다.

"건강 기능 식품은 자신에게 잘 맞는 성분을 찾아서 한 가지라도 꾸준히 챙겨 먹는 것이 중요합니다. 대표적인 것이 홍삼인데요. 체온 유지와 면역력 강화, 노화 방지 효과도 있어 몸이 찬 여자들에게 특히 잘 맞습니다."

사회생활을 하다 보면 몸의 균형이 깨지기 마련. 속이 더부룩한 느낌이 들 땐, 소화제를 먹기보다 한 끼 정도는 굶는 것이 낫다고 조언한다. 몸은 스스로 재생하고 치유하는 능력이 있어 속이 불편할 때는 비워줄 필요도 있다는 의미에서다.

(1) 채소와 과일이 어우러진 도시락은 그녀의 데일리 건강 키트. 해독 주스 열풍 이전부터 영양소의 흡수를 돕기 위해 각종 채소를 익혀서 과일과 함께 갈아 먹었다.

(2) 건강을 위해 매일 실천할 수 있는 작은 습관을 들여 볼 것. 핸드백 속 건강한 앰플도 그런 의미다. 그녀가 추천하는 것은 휴대하기 좋고, 가볍게 먹을 수 있는 고농축 홍삼 앰플 VB '예진생 진생베리 명작수'다.

(3) 먹는 음식 속 영양소끼리의 균형뿐 아니라 일상에서의 균형도 중요한 법. 열정적으로 일한 뒤에는 적당한 휴식을 취하며 몸이 재생될 수 있도록 노력한다.

목표는 나를 움직이는 원동력

그녀의 두 번째 건강 원칙은 '불규칙한 생활 속 규칙을 정해 운동하기'다. 바쁜 일상에서 과도한 업무에 시달리다 보면 건강 챙기기는 뒷전으로 밀린다. 그녀 역시 바쁜 스케줄 탓에 생활 패턴이 불규칙해졌지만, 운동하는 시간만큼은 꼭 비워둔다.

"한의원에서 환자들을 진료할 때는 다른 직업을 가진 분들의 사이클을 자세히 몰랐어요. 방송을 시작하면서부터는 많은 분이 불규칙한 생활 속에 있다는 걸 알게 됐습니다. 아무리 지쳤어도 적당히 운동해서 체력을 비축해야 또다시 일할 에너지가 생겨요. 매일 할 수 없다고 바로 포기하지 말고 주 단위나 월별, 하다못해 계절별로라도 자신만의 패턴을 찾아서 운동하기를 권합니다."

오래전부터 요가, 댄스 스포츠 등 각종 운동을 즐겼던 그녀는 최근 들어 다시 휘트니스에 열을 올리고 있다. 이미 생활 체육 지도자 자격증까지 딸 정도로 운동에 관심이 많은 그녀는 이제 잔근육을 만드는 전문적인 단계까지 오게 됐다.

에디터가 그녀를 만났을 때는 'IFBB PRO'라는 이름의 보디빌더 대회 출전도 앞두고 있었다. "여자들이 봄마다 열심히 다이어트를 하는 것은 결국 여름에 비키니를 입기 위해서잖아요. 무엇이든 막연하게 하기보다 목표를 세우고 기한을 정해두면, 그것을 이루기 위해 움직이게 돼요. 저 역시 이왕 몸을 만들기 시작했으니 제대로 된 결과로 보상받고 싶은 마음에 '대회 출전'이라는 목표를 세우게 됐습니다. 결과가 어찌 나오든 새로운 것에 도전하는 일 자체가 큰 활력이 되어서 좋아요."

자신의 분야 외에도 약선 치료사, 생활 체육 지도자 그리고 보디빌더 대회까지 수많은 분야에 도전 중인 왕혜문. 이 모든 것은 일상을 풍요롭게 만들고, 사람을 치유하는 업무에도 두루 도움이 된다. 일과 삶의 균형을 찾는 그녀에게서 젊음의 열정이 느껴진다.

6. 유산소운동

노년의 건강을 위해 걷기를 반려자처럼 하며, 속도보다 '요령'이
중요하다.

걷기 운동의 중요성은 아무리 강조해도 지나치지 않다. 걷기는
가장 안전하고 간단하게, 비용부담 없이 시작할 수 있는 대표적인 유
산소운동이며, 비만 관리나 관절 및 척추 질환 등의 재활 치료 목적으
로도 추천될 정도로 건강에 효과적이다. 현대 의학의 아버지 히포크라
테스는 "걷기가 보약이다"는 말을 했다. 바른 자세로 인터벌 워킹 할
것을 권한다. 1회에 빠르게 걷기 3분, 느리게 걷기 3분을 5회를 반복해
서 걷는다. 그러면 심폐 기능 향상에도 큰 도움이 된다. 특히 노년기
건강 관리를 위해 필수적인 걷기 운동법과 건강 이점에는 어떤 것들이
있는지 소개한다.

'걷기'를 반려자처럼, 노년의 '걷기' 장점 여섯 가지

(1) 누구나 부담 없이 쉽게 시작할 수 있다
걷기는 심장 부담과 상해 위험성이 적고, 근육이 쇠퇴한 때도 오래
계속할 수 있어 누구나 쉽게 시작하고 꾸준히 지속할 수 있다.

(2) 심혈관 건강을 좋게 한다

걸기는 나쁜 콜레스테롤 수치를 낮추고, 좋은 콜레스테롤 수치를 상승시키며, 심근육 발달과 혈관의 탄성을 좋게 하여 심장 기능을 강화하는 데 도움이 된다.

(3) 혈압, 혈당 조절에 효과적이다

걸기는 혈압과 혈당 조절에 도움을 주어 당뇨 환자와 고혈압 환자의 필수적인 건강 관리 요법으로 빠지지 않고 등장한다. 30분 정도의 유산소운동은 수축기 혈압을 4~8mmHg 떨어뜨리고, 고혈압 약을 줄이는 데도 도움이 되며, 인슐린 저항성을 개선해 당뇨 관리에도 도움이 된다. 다만 혈압과 혈당 수치에 따라 운동이 위험할 수도 있으므로 반드시 주치의의 처방을 받고 운동을 시작해야 한다.

(4) 강한 허리로 척추 근육을 고르게 발달시킨다

걸기는 척추와 허리와 복부, 다리 근육을 고르게 발달시키는데, 이는 척추에 집중되는 부담을 근육으로 분산시켜 요통 등을 줄이는 데도 도움이 된다. 운동 시 분비되는 엔도르핀은 통증 경감에도 좋다.

(5) 근골격 강화로 '외출' 원동력이 된다

걸기 운동은 전신의 근골격을 단련시켜 관절과 근육의 기능을 좋게 한다. 바른 자세로 꾸준히 하는 걸기 운동은 체력 단련에도 도움을 주고, 뼈 밀도 강화에도 좋다. 걸기가 불편해지면 외출을 꺼리게 되어 삶의 질이 현저히 저하되는데, 꾸준한 걸기 운동은 이를 보완해줄 수 있다.

(6) 스트레스, 우울감 해소에 도움이 된다

걷기는 감정을 가라앉히는 신경세포를 활성화하여 흥분된 신경세포의 활동을 억제하고, 기분 전환과 스트레스와 우울감 해소에 도움이 된다.

노년기 걷기 운동 요령 여섯 가지

(1) 속도보다 '지속 시간'이 중요하다

걷는 속도보다 '지속 시간'이 중요한데, 1주일에 3~4회, 45분 이상 걷는 것이 좋으며, 이 패턴에 익숙해지면 걷는 속도를 조금 빠르게 하거나, 주당 실시 횟수를 늘려가는 것이 효과적이다. 즉, 본인의 체력과 건강 수준에 따라 운동 시간을 같게 유지하면서, 걷는 속도를 천천히 하고, 이를 꾸준히 지속하면서 강도를 조금씩 늘려가는 것이 무리하지 않고 운동을 지속하는 데 도움이 된다. 운동 시간은 온도 변화가 크고 심장에 부담을 줄 수 있는 새벽 시간이나 늦은 밤은 피한다.

(2) 운동 전후 준비운동과 마무리 운동은 필수

운동 전과 후에는 5~10분 정도 가벼운 준비 운동으로 근육과 관절을 풀어준다. 준비 운동과 마무리 운동은 운동 부상을 예방하는 데 필수적이다.

(3) 낙상 방지, 운동 효과 높이는 '신발' 선택

신발은 발이 편하고, 쿠션이 있으며, 미끄럼 방지 기능이 있고, 발 사이즈에 맞는, 걸음이 편한 신발을 선택한다.

(4) 걸음이 편한 '걸음걸이' 유지하기

바른 걸음걸이로 걸어야 걷기 운동이 편해지고 운동 효과도 높일 수 있다. 걸을 때는 발 안쪽이 일직선상에 놓이도록 유지하되 발끝은 약간 바깥을 향하는 팔자 형태로 한다. 시선은 자연스럽게 정면을 향하고, 어깨와 허리, 엉덩이를 바르게 하고 팔의 힘을 빼고 걷는다. 안전사고 방지를 위해 이어폰을 이용한다면 바깥소리가 들릴 정도로 볼륨을 조절하고, 호흡은 옆 사람과 대화가 가능한 정도로 속도를 조절한다.

(5) 보온성, 통기성이 좋고, 움직임이 편한 '옷' 입기

걷기가 편하고, 체온을 유지하며, 땀을 잘 흡수하는 데 좋은 소재의 옷을 선택한다.

(6) 어지럼증, 통증 등 이상 반응이 느껴지면 즉시 중단하기

특히 만성 질환이 있거나, 수술 경험이 있는 경우, 노년기 경우에는 현재 건강 상태에 따라 전문의의 처방 하에 운동 방법을 결정하는 것이 필요하다. 걷기 운동은 컨디션에 맞게 무리하지 않도록 하고,

만약 걷기 중 어지럼증이나 통증이 느껴지는 경우 운동을 즉시 중단하고 진료받도록 한다. 물, 주스, 사탕, 초콜릿 등을 챙겨 되도록 목이 마르기 전, 혈당이 떨어지기 전에 미리 섭취하도록 한다.

50대에 하는 운동은 생명을 위협하는 만성 질환을 피할 수 있는 '마법이다'

「미국의학협회저널」(*Journal of the American Medical Association*)에 최근 이 같은 내용을 소개한 벤자민 윌리스 (의학)박사는 "중년에 하는 운동은 심혈관계 질환, 뇌졸중, 당뇨, 알츠하이머 등을 늦추거나 피하도록 만드는 비결"이라고 했다. 윌리스 박사와 그의 연구팀은 평균 연령 49세인 건강한 성인 남녀 2만 명을 대상으로 그들의 신체 활동 정보를 수집했다. 윌리스 박사는 "우리 연구팀은 만성 질환을 늦추거나 예방하는 방법을 찾고 싶었다"며 "우리의 연구에 따르면 심폐 기능을 강화하는 운동이 특히 더 예방 효과가 뛰어난 것으로 나타났다"고 했다.

과학자들은 인생의 중·후반기에 하는 운동이 어떻게 이처럼 건강을 향상하는 데 도움이 되는지 알아내기 위해 노력하고 있다. 윌리스 박사팀은 운동하는 사람들의 낮은 염증 수치와 콜레스테롤 수치 등이 만성 질환의 위험률을 낮추는 한 비결이라고 추측하고 있다. 또 심폐 기능을 강화하는 운동이 혈류의 흐름을 개선하고, 각 신체 기관에 영양분이 보다 잘 전달되게 한다는 것도 건강의 이유일 것으로 보았다.

인생의 중반기를 지나고 있는 현재 신체 활동량이 적은 사람이라면 아직 늦지 않았다. 지금이라도 운동을 시작하는 편이 좋다. 윌리스 박사는 "운동하는 데 늦을 때는 없다"며, "인생의 어느 시기이든 운동을 안 하는 것보단 하는 것이 건강에 훨씬 유익하게 작용한다"고 말했다.

온찜질 자주하고 산책 등 가벼운 운동 꾸준히

본격적인 추위가 찾아오면서 아침에 이불 걷어내고 나오기가 힘들어진다. 천근만근 느껴지는 피로감과 근육 결림은 주말에 충분히 휴식을 취해도 좀처럼 해소되지 않는다. 아침저녁으로 기온이 쌀쌀한 초겨울, 유독 아침만 되면 이곳저곳 두들겨 맞은 것처럼 결리고 허리나 목, 무릎 관절이 쑤시는가 하면 손가락이나 발가락 통증을 호소하는 사람들이 많다. 추위 속 통증을 부르는 각종 질환 및 관리 요령을 알아본다.

추운 날씨 속 악화하는 관절염

날씨가 급격히 추워지면 관절 통증을 호소하는 사람들이 많아진다. 일교차가 크거나 기온이 낮으면 체온 유지를 위해 더 많은 열량을 소모한다. 추운 날씨로 관절 부위의 온도가 떨어지면 신체를 보호하기 위해 체내 혈관이 수축하는데, 자연스레 우리 몸의 혈류량도 줄어 관절 주변 조직이 뻣뻣해지고 통증이 심해지기 때문이다. 추운 날씨 탓에 운동량이 적어지는 것도 한 원인이다. 운동하지 않으면 관절 주변 근육이 약해져 관절을 지지하는 힘이 떨어지고 뼈에서 칼슘이 빠져나가 관절의 유연성이 저하되면서 통증 악화의 악순환이 반복된다.

관절통 증상을 완화하려면 우선 관절을 따뜻하게 보온하는 것이 중요하다. 온찜질은 혈액 순환을 돕고 뻣뻣해진 근육과 인대를 풀어주는 효과가 있다. 관절염 환자들의 경우는 기온이 급격히 떨어지는 새벽에 통증을 호소하는 경우가 많은데, 이를 대비해 찜질팩을 미리 준비해 사용하면 통증 완화에 도움을 받을 수 있다. 관절에 염증이 심하면 열이 나고 붓는데 이때는 온찜질이 아닌 냉찜질을 해야 한다. 족욕은 찜질이 환부에 직접 자극을 주어 통증을 가라앉히는 것과 달리 몸 전체의 혈액 순환을 도와 뻣뻣해진 관절을 부드럽게 한다.

또 평소 내복이나 무릎 덮개 등을 활용해 관절을 따뜻하게 유지하고 목욕이나 샤워로 혈액 순환을 촉진하는 것도 통증과 부종을 줄어들게 하는 좋은 방법이다. 잠을 잘 자는 것도 중요하다. 관절통 환자는 통증 때문에 수면에 방해받는 경우가 많은데 잠을 자지 못하면 스트레스가 쌓이면서 염증과 통증의 고통을 증가시키는 요인이 되기 때문이다. 평소 관절을 부지런히 움직여 풀어주는 것이 좋다. 무리가 가지 않는 범위 내에서 적절한 운동이 필요하며 산책이나 스트레칭, 수영, 실내 자전거 타기 등과 같은 운동이 효과적이다.

나이 들어서도 달려라, 젊음이 찾아온다

나이 들어서도 꾸준히 달리기하면 노화 속도를 늦출 수 있다는 주장이 제기됐다. 노년기에 젊음을 유지하고 싶다면 달리기가 효과적이라는 것이다. 이는 미국 콜로라도대학교와 훔볼트 주립대학교 공동 연구팀이 30명의 노인을 상대로 실험해 얻어낸 결론이다. 연구팀은 남녀 15명씩 30명의 건강한 실험 참가자를 모집했다. 이들의 평균나이는 69세이고 6개월 이상 일주일에 3일간 규칙적으로 달리기하거나 걷기를 하고 있었다.

연구팀은 이들의 건강 상태를 확인한 뒤 힘을 측정할 수 있는 트레드밀에서 걷도록 했다. 트레드밀의 속도는 시간당 1.6마일과 2.8마일, 3.9마일 등 세 가지로 구성됐다. 연구팀은 실험 참가자들이 트레드밀에서 걷기를 하는 동안 산소 소비량과 이산화탄소 생산량도 측정했다. 아울러 비슷한 조건에서 트레드밀 실험에 참여했던 젊은이들 및 앉아서 주로 생활하는 노인들의 에너지 소비량과 이들 실험 참가자들의 에너지 소비량을 비교했다.

그 결과 정기적으로 달리기를 한 참가자들이 걷기를 한 이들보다 트레드밀에서 더 잘 걸은 것으로 조사됐다. 또 달리기한 노인들이 트레드밀에서 소비한 에너지는 20대가 소비한 에너지와 비슷한 것으로 나타났다. 연구팀은 평소 달리기를 한 노인 그룹과 걷기를 한 노인 그룹 간에 생체 역학적 차이를 발견할 수 없었다고 했다. 따라서 트레드밀에서의 걷기 결과에 차이가 난 것은 근육과 관련이 있을 것으로 추정됐다.

규칙적으로 운동하면 세포 속 미토콘드리아가 증가하고, 미토콘드리아는 힘의 원천으로 작용하게 된다. 그런데 바로 근육이 탄탄해지면 미토콘드리아도 증가하게 되는 것이다. 연구에 참여한 콜로라도대학교의 로저 크램 교수는 "달리기는 최소한 에너지 효율 측면에선 젊음을 유지해준다"고 말했다.

요가, 유산소운동 못지않게 심장에 좋다

요가가 걷기나 달리기, 사이클 같은 유산소운동 못지않게 심혈관 질환 위험을 낮추는 것으로 나타났다. 네덜란드 에라스뮈스대학교 메디컬센터 연구팀은 2,768명을 대상으로 요가를 하는 것과 다른 운동을 하거나 운동하지 않았을 때의 효과를 비교한 37개 실험 결과를 분석했다. 그 결과, 요가는 체질량지수(BMI)를 줄이고, 혈압과 콜레스테롤을 떨어뜨려 심혈관 질환 위험을 낮추는 것으로 나타났다. 요가는 신체를 유연하게 하고 스트레스를 감소시키며, 몸매를 유지하는 데 좋은 것으로 알려져 있다.

연구팀의 미리엄 후닝크 교수는 "유산소운동을 좋아하지 않거나 할 수 없는 사람들도 요가를 통해 심혈관 질환 위험을 낮출 수 있는 것으로 나타났다"며 "요가는 비싼 장비와 특별한 기술 없이 할 수 있어 더 효과적일 수 있다"고 말했다. 요가를 하면 운동을 전혀 하지 않았을 때 비해 몸무게를 평균 2.75㎏ 더 줄일 수 있는 것으로 나타났다. 또 BMI와 혈압, 콜레스테롤이 매우 감소했다. 특히 심혈관 질환이 있는 환자들의 경우, 고지혈증 치료제인 스타틴을 먹으면서 요가를 하면 그 효과가 훨씬 큰 것으로 나타났다. 연구팀은 "심혈관 질환이 있는 환자 중에는 관절염이 있거나 나이가 많아 유산소운동을 꾸준히 할 수 없는 경우가 많은데, 이때 요가가 좋은 방법이 된다"고 말했다.

이전의 연구에서는 요가가 기억력과 집중력 등 두뇌 기능을 활성화하고 우울증을 감소시키는 효과가 있는 것으로 나타났다. 이번 연구 결과는 「유럽심장예방저널」(The European Journal of Preventive Cardiology)에 실렸으며 영국 일간 텔레그래프 등이 보도했다.

운동하면 노인 뇌혈관도 젊은이만큼 튼튼해진다

우리나라 사람들의 평균 수명이 갈수록 늘어나고 있다. 통계청이 발표한 '2013년 생명표'에 따르면, 지난해 태어난 아기 기준으로 우리나라 국민의 기대 수명은 81.9년인 것으로 나타났다. 남자가 78.5년이고 여자는 85.1년으로 6.5년 여자가 더 사는데, 이 차이는 1985년 8.4년을 정점으로 계속 줄고 있다. 반면 암으로 사망할 확률은 1년 전보다 남자가 0.5% 포인트, 여자가 0.3% 포인트 증가했고, 여전히 가장 큰 사망 원인으로 꼽혔다.

이제는 어떻게 질병 없이 건강하게 노년의 삶을 유지하는지가 관건이다. 이와 관련해 에어로빅 같은 유산소운동을 지속해서 하는 노인의 뇌혈관은 젊은이의 뇌혈관과 비슷하지만 운동하지 않는 노인의 뇌혈관은 구불구불해져 위험도가 높아진다는 연구 결과가 있다.

미국 노스캐롤라이나대학교 엘리자베스 블릿 교수팀은 60~80세의 노인 14명(남성 7, 여성 7)을 과거 10년 동안 일주일에 최소한 180분 이상 유산소운동 한 그룹 그리고 운동하지 않거나 90분 이하로만 운동하는 그룹으로 나눠 뇌혈관을 비교했다. 그 결과, 유산소운동을 지속해서 한 사람들은 그렇지 않은 사람들보다 뇌혈관의 비틀림 정도가 작았고, 젊은 성인의 뇌혈관과 유사했다. 노화가 진행될수록 뇌혈관은 자연히 좁아지고 길이가 늘어나면서 더 구불구불해진다.

그러나 이번 연구에서 운동을 한 사람들은 운동하지 않는 노인보나 뇌혈관이 더 젊은 상태를 유지하는 것으로 나타났다. 이 연구 결과는 「미국신경방사선학저널」(*American Journal of Neuroradiology*)에 발표됐다.

II. 근력운동

나이가 들면 팔다리가 가늘어진다. 근육이 줄어들기 때문이다. 하지만 노인들도 근력운동을 꾸준히 하면, 근육이 많아져 삶의 질도 높아지고 사망 위험도 낮아진다는 연구가 있다. 일반적으로 나이가 들면 근육이 감소한다고 알고 있는데, 그것은 오해다. 늙으면 운동량이 감소하기 때문에 근육량이 감소하게 되는 것이지, 늙어도 근력운동을 꾸준히 늘리면 근육량이 증가한다. 필자는 65세에 은퇴하고 꾸준히 근력운동을 한 결과 당시 체질량 지수가 26에서 75세인 현재 20으로 감소했고, 그에 비례해서 자체 근육 지수는 상승했다. 근력도 개선되어 당시 팔 굽혀 펴기를 10개에서 76세인 지금은 30개 이상을 하게 되었다.

1. 뛰지만 말고, 근력운동 해야 하는 까닭

대부분 사람은 '운동'하면 걷기나 수영, 사이클 같은 유산소운동을 떠올린다. 이런 심폐 운동은 건강과 장수와 가장 큰 연관이 있는 것으로 알려져 왔다. 하지만 최근 연구에 의하면 근력운동 역시 근육량을 늘리는 것 외에 여러 가지 효능이 있는 것으로 나타났다. 운동 효과를 극대화하려면 유산소운동과 함께 근력운동을 병행해야 한다. 미국의 인터넷 매체 「허핑턴포스트」가 근력운동을 꼭 해야 하는 이유 네 가지를 소개했다.

(1) 나이가 들어서도 근육량과 체력을 유지한다

20대 후반부터 근육량이 서서히 줄어들기 시작한다. 여러 연구에 의하면 60대에 접어들면 근육 손실이 매우 증가한다. 근력운동이 나이가 들어가면서 발생하는 근육 손실은 멈추게 하지는 못하지만, 그 진행 속도를 느리게 할 수는 있다. 근육을 오래 유지하면 사이클, 수영, 달리기 등 다른 운동을 더 힘차게 할 수 있다.

(2) 많은 시간을 들이지 않고 할 수 있다

근력운동은 짧은 시간에 할 수 있는 반면 그 효과는 크다. 연구에 따르면 1주일에 두 번, 15~20분 정도의 근력운동을 하면 체력을 향상하고 몸매에 균형을 이룰 수 있을 정도의 근육 자극이 되는 것으로 나타났다. 근력운동을 할 때 부상 위험을 증가할 정도로 무거운 중량을 들어야 하는 것은 아니다. 1주일에 몇 차례 주 근육을 사용해 운동하면 효과를 볼 수 있다.

(3) 부상과 피로감을 줄인다

관절은 뼈와 근육이 함께 작용함으로써 몸을 지탱하고 움직이게 한다. 나이가 들어가면서 신체 활동을 하지 않으면 관절이 약해지고 뻣뻣해지면 아프기 쉽다. 약해진 관절은 넘어지거나 삐거나 물건을 집다가 다치기 쉽다. 근육이 약하면 균형감에 결점이 생겨 넘어져 생기는 부상 위험이 증가한다. 근력운동을 하면 신체 균형이나 움직임을 향상해 넘어지거나 삐었을 때, 몸을 지탱하고 보호할 수 있다. 또 체력 향상이 돼 업무나 집안일 등을 꾸준히 할 수 있게 도움을 준다.

(4) 체중 감소의 악영향에 대응한다

몸무게를 줄이려면 운동을 통해 칼로리를 태우거나, 칼로리 섭취를 줄이거나 이 둘 모두를 함으로써 칼로리가 부족한 상태를 만들어야 한다. 이에 따라 체중을 줄이게 되면, 근육량도 같이 줄어들 수가 있다. 나이가 들어갈수록 근육량을 유지하는 게 아주 중요하기 때문에 몸무게가 갑자기 많이 줄었을 때, 이와 균형을 맞추기 위해 근육 유지를 위한 근력운동이 꼭 필요한 것이다. 체중이 갑자기 줄었을 때, 근력운동은 허약해지는 것을 방지할 수 있으며, 살이 빠진 부위를 탄탄한 근육으로 만드는 데 도움이 된다.

2. 할머니도 아령 운동이 꼭 필요한 이유

노인들도 운동을 꾸준히 하면 근육이 감소하는 것을 막을 수 있다는 연구 결과가 있다. 나이가 들수록 근육이 줄어드는 것은 근육에 혈액 공급이 잘 안되고, 근육이 녹아 없어지는 것을 막아주는 인슐린이 제대로 활동하지 않기 때문이기도 하다. 영국 노팅엄대학교 연구팀은 60대 후반 노인과 25세 젊은이 남녀 그룹을 대상으로 다리 근육의 형성에 영향을 미치는 특정 단백질을 측정했다. 그 결과, 밤새 근육이 자연적으로 일부 녹아내리는 것을 젊은이들의 몸에서는 인슐린이 잘 막아내 근육 손실이 적었다.

그러나 노인들에게선 인슐린이 제 활약을 못 하면서 근육 손실을 막지 못했다. 잠을 잘 때마다 노인의 근육은 자연적으로 소실되는 것으로 나타났다. 또한 연구팀은 식사 뒤 다리에 공급되는 혈액량을 측정했는데, 노인에게선 젊은이만큼 혈액 공급이 원활치 않았다. 혈액을 통해 다리 근육에 영양분과 호르몬이 충분히 공급되지 않으면서 근육이 줄어드는 현상이 발생했다. 연구팀은 "이런 현상을 막으려면 운동해야 한다"고 말했다. 연구팀이 측정한 결과 노인이라도 일주일에 세 번씩 근력운동을 20주 이상 지속해서 해주면 근육으로 가는 혈액량이 늘어나면서 근육 손실 속도를 늦출 수 있는 것으로 나타났다.

이 연구 결과는 학술지 「미국임상영양학회지」(*The American Journal of Clinical Nutrition*)에 게재됐다.

3. 감기야 가라 — 하체 복근 키워 면역력을 강화하라

여의도 윤중로 벚꽃 축제를 비롯해 전국이 꽃밭인 완연한 봄이다.

꽃들의 만개와 더불어 외투도 얇아지고 짧아졌지만, 이 시기에는 봄 감기 환자도 늘어난다. 큰 일교차 때문에 으슬으슬 추운 기운이 남아 있다. 그렇다고 꽃들이 만개한, 아름다운 봄철에 겨울에 입던 패딩이나 코트를 입을 수는 없는 일. 운동으로 면역력을 키워 봄 감기를 이겨 보도록 하자.

면역력은 근육의 크기와 강도에 정비례한다. 특히 복근과 하체, 둔부 근육은 에너지를 많이 저장하여 면역력 증강에 도움을 준다. 하체를 함께 사용하는 복근 운동으로 면역력을 키워보도록 하자.

1) **복근 운동** one leg stretch

준비_ 매트에 두 무릎을 세우고 눕는다. 한 다리만 공중에 직각 자세로 들어 허벅지 뒤에 수건을 걸어 양손으로 나눠 잡는다. 팔은 직각으로 접어서 몸통 옆에 상완은 내려놓고, 전완은 45도가량 옆으로 벌려서 준비한다.

준비물 - 수건

숨을 내쉬면서 상체를 앞으로 반만 일으켜 세우면서 공중에 직각으로 들고 있던 다리는 45도 각도로 길게 뻗어준다. 동시에 양옆 45도로 벌리고 있던 전완을 몸과 일렬이 되도록 11자 모양으로 접어준다. 수건에 매달리는 것이 아니고, 복근의 수축으로 상체를 일으켜 세운다는 느낌이다. 숨을 들이마시며 매트에 상체를 누이는 동시에 다리는

다시 직각으로 접고, 전완도 양옆으로 살짝 벌려 준비 자세로 되돌아온다.

10회 반복, 반대 다리 실시 - 3세트

FOCUS 그리고 TIP

1. 상체는 견갑골(날개뼈)이 바닥에서 약간 떨어지는 정도까지 올라온다. 덜 올라오면 머리 무게를 목이 버텨야 해서 목이 아프고, 더 올라오면 원하는 근육을 제대로 쓸 수가 없다. 정확히 올라온다.

2. 상체를 앞으로 일으킬 때, 흉곽의 바람을 뺀다는 느낌이다. 갈비뼈 하단을 골반 상단 쪽으로 가깝게 보낸다는 느낌이기도 하다.

3. 승모근과 흉근에 긴장이 올 수 있으니 수건에 매달리지 않는다. 수건을 오히려 당긴다는 느낌을 찾아보자.

4. 뻗어주는 다리는 최대 길게 뻗는다. 다리는 차거나 떨어뜨리는 것이 아니라, 사선으로 아주 우아하게 길게 뻗어준다.

4. 운동에 좋은 음식

운동과 함께 먹으면 더 좋은 면역력 키우는 음식

면역력 증진을 위해 운동과 함께 식이까지 병행하면 더 큰 효과가 있다. 특히 요즘처럼 미세 먼지, 큰 일교차로 인해 기침, 객담, 인후통 등의 증상이 있다면 혹은 예방을 위해서 도라지나 더덕을 많이 섭취하면 좋은 철이다. 도라지와 더덕은 모두 폐로 들어가서 폐를 이롭게 하는 식물인데, 더덕은 폐를 보하는 작용까지 한다. 반찬으로 먹어도 좋고, 둘을 같이 차로 끓여 꿀을 조금 타서 섭취한다면 더욱 좋다.

운동 중이나 직후에 먹어주면 좋은 최고 음식

운동 중간이나 종료 후 어떤 음식을 먹는 것이 좋을까? 운동 효과를 오래 지속되게 하고 빠른 피로 해소를 위해서는 음식 선택이 중요하다. 흔히 마시는 스포츠음료는 칼로리가 높아 운동 효과를 떨어뜨린다는 연구 결과가 잇따르고 있다. 충분한 물을 마시는 것도 좋지만 피로감을 덜어주고 에너지를 보강할 수 있는 음식도 중요하다. 영국의 BBC 뉴스가 '운동 중이거나 끝난 후 먹는 최고의 음식'을 소개했다.

1) 운동 중간

운동을 시작한 지 중간쯤 되면 피로감이 느껴지면서 지구력이 더욱 필요한 시점이다. 말린 과일이나 견과류는 당분과 탄수화물 함량이 높고 체내 흡수율이 높아 피로를 덜어주는 데 제격이다.

(1) 건포도

몸에 빨리 흡수돼 운동할 때 에너지를 공급하는 데 좋은 음식이다. 당분과 철분이 풍부해 신체의 여러 기능을 활성화하고 체력유지에 도움을 준다. 포도를 말릴 때 설탕 등 첨가물이 추가되지 않았다면 잇몸과 심장 건강에도 좋은 음식이다.

(2) 피칸

호두와 모양, 성분이 비슷한 피칸은 호두보다는 달고 향도 좋다. 비타민B군이 풍부해 탄수화물과 지방, 단백질을 분해해 몸 안에서 에너지를 만드는 작용을 한다. 이 때문에 '에너지 비타민'이라고도 불린다. 피칸은 불포화 지방산과 비타민E, 섬유소도 많아 콜레스테롤을 낮춰 동맥 경화를 예방하는 효과가 있다.

(3) 아마씨

아마씨에는 근육통을 예방하는 효능이 있어 운동 시 먹으면 좋다. 오메가3, 식이섬유, 토코페롤, 엽산, 미네랄 등 쉽게 보충하기 어려운 필수 영양소도 풍부하다. 아마씨에는 독성물질인 시안배당체가 함유돼 있어 물에 장시간 담가 독소를 빼거나 볶은 후 섭취해야 한다.

2) 운동 후에 먹으면 좋은 음식

운동이 끝나면 피로감이 몰려오기 마련이다. 이때 칼로리가 높은 음료나 술은 운동 효과를 반감시킬 수 있다. 땀 흘린 노력을 헛되이 하지 않고 피로를 빨리 회복할 수 있는 음식은 없을까?

(1) 딸기, 요구르트

지방과 칼로리가 낮아 소진된 체력을 복구시킬 수 있는 이상적인 간식이다. 딸기는 피로 해소에 필요한 탄수화물과 당분이 많아 소모된 에너지를 보강하는 데 좋다. 요구르트의 단백질은 운동 후 근육과 신체 조직을 정상화하는 데 도움이 된다. 제조사에 따라 단백질 함유량과 첨가물이 다르므로 성분표를 잘 읽고 사는 것이 현명하다.

(2) 콩, 치킨 등 단백질류

근육통 예방을 위해 단백질 함유량이 높은 콩이나 유청을 섭취하는 것이 좋다. 우리 몸은 운동 후 30분 이내에 영양 성분을 흡수하는 능력이 가장 뛰어나다. 글리코겐과 단백질 합성을 책임지는 근육 속 효소와 수송체가 이때 가장 활성화되기 때문이다. 단백질 보충을 위해 치킨을 먹되 기름에 튀긴 것이 몸에 좋지 않은 것을 고려해 닭가슴살이

나 구운 치킨을 선택하는 것이 좋다. 고급 단백질은 달걀, 연어 등에도 들어있다. 운동 후에는 탄수화물 보충도 필요하다.

스포츠 시즌, 운동할 때 좋은 음식 다섯 가지

봄, 운동하기 좋은 계절이다. 이때쯤이면 신발장 안에 넣어두었던 운동화를 꺼내 바깥으로 나갈 준비를 하는 사람들이 많아진다. 건강을 위해 꼭 필요한 운동, 자신의 체력에 맞게 하는 것도 중요하지만 뭘 먹는가 하는 것도 중요하다. 음식이 운동을 망칠 수도 있고, 운동 효과를 높일 수도 있기 때문이다. 미국의 건강 정보 사이트 <헬스닷컴>이 영양학자의 조언을 토대로 운동할 때 좋은 다섯 가지 슈퍼푸드를 소개했다.

(1) 현미

곡물의 겉껍질만 벗긴 것을 통곡물이라고 하는데, 쌀의 경우 현미라고 부른다. 이런 현미에 들어있는 탄수화물은 에너지를 제공하고, 식이섬유는 포만감을 오랫동안 지속시킨다. 달리기 등을 하기 전 최소한 1시간 전에 이런 현미를 섭취해야 쥐가 나는 것을 방지할 수 있다.

(2) 파인애플

걷거나 달리기 전에 꼭 먹어야 할 과일이다. 단백질 분해 효소인 브로멜린이 풍부하게 들어있다. 브로멜린은 염증을 없애고, 손상된

근육을 빨리 회복시키는 효능이 있다.

(3) 베리류

아사이베리, 블루베리, 라즈베리 등 베리류에는 항산화제가 풍부하게 들어있다. 항산화제는 활성 산소에 의한 산화 작용으로 우리 몸이 노화되고, 손상되는 것을 막아주는 물질이다. 특히 운동할 때는 심장이 건강한 상태를 유지하는 데 도움이 되고, 통증도 예방한다.

(4) 땅콩버터

근육에 힘을 주는 단백질과 에너지를 유지하는 좋은 지방이 많이 들어 있다. 땅콩버터를 통곡물로 만든 식빵에 발라서 먹으면 좋다.

(5) 요구르트

자주 먹어도 좋은 식품이다. 특히 흔히 먹는 요구르트보다 더 진한 그리스식 요구르트가 좋다. 칼슘이 많이 들어 있어 뼈를 강하게 해준다. 피로, 골절을 막는 데 도움을 주고 근육을 빨리 회복시키는 데에도 좋다.

III. 다이어트

복부비만

"과식하도록 내버려 두어라. 무덤이 그를 향해 세 배나 큰 입을 벌릴 것이다."

셰익스피어의 유명한 말이다. 비만 환자에게는 항상 질병이 따라다닌다. 당뇨병, 고혈압, 지방간, 동맥 경화, 뇌졸중, 호흡장애, 퇴행성 관절염, 불임, 심혈관 질환 등이 언제 우리의 생명을 위협할지 모른다.

1. 다이어트에 짱 포만감 높은 식품 여덟 가지

한 끼를 덜 먹는다고 해도 다음 식사 때 과식하면 다이어트에 성공할 수 없다. 대신 적게 먹고도 배고픔이 사라진다면 칼로리 섭취를 줄일 수 있다. 미국의 건강 정보 사이트 <헬스닷컴>이 든든한 느낌을 빨리 갖게 하면서 포만감은 오래 유지하게 해주는 음식과 섭취 요령을 소개했다.

(1) 물

매 식사 전에 물을 480cc 정도를 마셔라. 먼저 위를 가득 채우면 식사마다 60칼로리는 줄일 수 있다.

(2) 향신료

식초와 계피 등 향신료를 요리에 사용하라. 스위스에서 나온 연구에 따르면 이 두 가지 재료는 식사 후 혈당을 조절해주고, 먹은 뒤 포만감을 오래 유지해준다.

(3) 녹색과 오렌지색 채소

이들 음식을 먹으면 많은 양이 아니더라도 빨리 속이 채워진 느낌이 들게 해준다. 녹색과 오렌지색 채소에는 수분이 90% 이상 들어있는데, 위를 채운 뒤 뇌에도 포만감을 전달해준다.

(4) 감자, 고구마

감자 또는 고구마는 배고픔을 몰아내는 저항성 녹말을 가지고 있다. 영국 영양학 저널에 실린 연구에 따르면 저항성 녹말은 최고 24시간까지 포만감을 느끼게 해주어 하루에 대략 320칼로리를 덜 먹게 하는 것으로 나타났다.

(5) 생선

오메가3 지방산을 함유한 생선들은 오랜 시간 동안 배에서 꼬르륵 소리가 나지 않게 해준다. 유럽 <임상영양학저널>에 실린 연구에 따르면 생선을 먹는 사람들은 육류를 먹은 사람들보다 포만감을 더 느끼고, 다음 식사에서 75칼로리 정도 덜 먹게 되는 것으로 보고되고 있다.

(6) 견과류 약간

견과류에 있는 섬유소, 단백질, 지방의 세 가지 성분은 포만감을 느끼게 하여 온종일 칼로리 섭취를 다소 줄일 수 있다. 여기에 신진대사를 11%까지 승대시킬 수 있다.

(7) 콩류

콩에는 포만감을 높이는 섬유소와 단백질이 균형을 이루고 있다. 스페인의 한 연구에 따르면 콩을 많이 먹으면 신진대사를 높이는 것으로 나타났다.

(8) 달걀

달걀에는 단백질이 가득하다. 미국 영양학 협회지에 실린 연구에 의하면 달걀을 먹으면 최고 36시간까지 식욕을 조절할 수 있다고 한다.

2. 살 빼기 좋은 식품 일곱 가지

새해를 맞아 건강 관리와 다이어트를 결심한 사람이 많은 가운데 살 빼기 좋은 식품에 관심이 쏠리고 있다. 미국의 여성 생활 잡지 「위민스 헬스」(*Women's Health*)에서 영양학자인 브리지트 제이틀린 박사는 "체중 조절에 도움을 주면서 동시에 운동 효과도 향상하는 음식이 있다"며 살 빼기 좋은 음식 열 가지를 소개했다. 이를 종합하면 다음과 같다.

(1) 물

체중 감소와 운동 효과를 위해 절대적으로 필요한 것으로 "몸의 70%가 물로 구성된 만큼 근육이 작동하는 것부터 신진대사까지 모든 것에 중요하게 작용한다"고 전했다. 몸속 수분이 부족한 상태에서 운동하면 어지럽고 피로감을 느끼기 쉬우며, 하루에 10잔 정도의 물을 마시는 게 좋다.

(2) 그리스식 요구르트

당분 등 다른 첨가물이 첨가되지 않은 그리스식 요구르트는 단백질 함량이 높지만, 당분과 염분의 함량이 낮아 다이어트에 효과적이다. 단백질 함량이 높은 만큼 포만감도 높아 운동 후 먹으면 좋다.

영양사 졸리 업톤 박사는 8,500명의 유럽인을 대상으로 한 연구에서 당분 함량이 적고 저지방인 유럽식 요구르트를 매일 먹는 사람들은

1주일에 2번 이하로 먹는 사람들에 비해 과체중과 비만이 될 가능성이 각각 20%와 38% 낮은 것으로 나타났다. 유럽식 요구르트 중에서도 과일이나 당분 등의 다른 첨가물이 들어있지 않은 그리스식 요구르트에는 단백질, 칼슘, 프로바이오틱스(생균제) 성분이 풍부해 효과가 탁월하다.

(3) 땅콩이나 아몬드

여기에는 불포화 지방이 들어있어 포만감을 지속할 뿐 아니라, 영양 흡수를 돕는다.

졸리 업톤 박사는 피스타치오 1온스(약 28g)의 열량이 160~170 칼로리로, 높지만 몸매를 날씬하게 해주는 견과류다. 피스타치오 등의 견과류는 조금만 먹어도 포만감을 오래 유지해 체중 조절에는 오히려 효과가 있다는 연구가 있다. 특히 견과류의 열량은 신체에 모두 흡수되지 않고, 신진대사를 촉진하는 효과가 있다.

(4) 콩류

검정콩이나 매주 콩, 완두콩, 렌틸콩, 병아리콩 등 콩류에는 식이섬유와 소화를 느리게 하는 단백질이 들어있다. 이런 콩류는 혈당과 탄수화물에 대한 식탐을 억제하는 저혈당 지수 식품이다. 「비만 저널」 (The Journal of Obesity)에 실린 연구에 따르면, 콩류 5.5온스(약 156g)를 먹은 사람은 그렇지 않은 사람에 비해 포만감이 31%나 더 높은 것으로 나타났다. 또한 과체중인 사람이 16주 동안 콩류 음식을 많이 먹었을 때 거의 10파운드(약 4.5㎏)의 체중을 감량했고, 혈중 콜레스테롤 수치도 개선된 것으로 나타났다.

(5) 달걀

달걀 역시 고단백 음식으로 포만감을 오래 지속시키며, 특히 염증을 퇴치하는 '콜린'이라는 성분이 풍부해 대사 질환을 예방한다.

졸리 업튼 박사의 연구에 따르면, 단백질이 풍부한(20~30g) 아침식사는 식욕을 자극하는 호르몬인 그렐린을 억제하고, 포만감을 높이는 호르몬 분비는 증가시키는 것으로 나타났다. 이와 관련해 달걀을 아침에 먹으면 온종일 438칼로리의 열량을 덜 섭취한다는 연구도 있다.

(6) 시금치, 근대, 케일

이와 같은 짙은 색 채소를 꼽았다. 섬유질이 많이 함유된 채소는 포만감을 지속시켜 과식을 막을 뿐 아니라 이러한 잎채소의 항염증 성분들은 당뇨병 등을 예방한다.

(7) 통곡물

곡물의 겉껍질만 벗긴 통곡물에는 에너지를 향상하고 염증을 퇴치하는 비타민B군과 섬유질, 단백질이 풍부하게 들어있다. 통곡물로 밥을 먹거나 통곡물 식빵에 견과류 버터를 곁들여 먹으면 좋다.

(8) 망고

망고는 맛이 좋을 뿐만 아니라 다이어트에도 좋은 열대과일이다. 연구에 따르면, 망고를 자주 먹는 사람은 날씬하고 건강한 것으로 나타났다. 망고에는 망기페린(mangiferin)을 비롯한 생물 활성 성분들이 많이 들어있다. 망기페린은 복부지방을 감소시키고 혈당 수치를 조절하는 효능이 있다.

(9) 사과

사과에는 수용성 식이섬유와 우르솔릭산이 풍부하게 들어있다. 항노화 및 항당뇨 성분인 우르솔릭산은 지방 연소를 촉진하고, 근육량을 증가시키는 효과도 있다. 「식욕 저널」(The Journal of Appetite)에 실린 연구에 따르면, 매일 사과 3개씩을 먹은 여성들은 사과를 먹지 않은 여성들에 비해 10주 동안 2파운드(약 1kg)의 체중을 더 감량한 것으로 나타났다.

(10) 저지방 초콜릿 우유

다이어트 중 달콤한 것이 먹고 싶을 때 마시기 좋다. 저지방 초콜릿 우유를 한 잔 마시고 나면 다른 간식을 먹고 싶은 생각이 줄어들기 때문이다.

3. 체내에 쌓인 지방을 녹여내는 음식 세 가지

기왕이면 먹으면서 지방을 없애는 방법은 없을까. 특정 성분이 지방을 없애주어 혈중 콜레스테롤 수치를 낮추고 다이어트에도 도움이 되는 '지방을 없애는 데 효과적인' 식품이 있다. 기름진 음식을 많이 섭취하는 중국인들이 날씬한 비결로 꼽히는 '양파와 녹차', 남미인들의 매력적인 몸매 비결로 꼽히는 '마테차' 등이 바로 그것, 이들의 어떤 성분들이 지방을 없애는 것일까.

(1) 지방을 분해하고 지방이 쌓이는 것을 막는 '양파의 쿼세틴'

양파의 쿼세틴(quercetin) 성분은 혈관 내 지방을 분해하는 효과가 탁월하며, 체내 독소를 배출하고 지방이 쌓이는 것을 억제한다. 또한 혈액의 점도를 낮춰 피를 맑게 하고, 항산화 작용으로 노화를 방지하는 효과도 있다. 양파즙으로 먹으려면 깨끗하게 씻은 양파를 잘게 썰어 냄비에 넣고 한 시간 정도 끓인 다음 이를 믹서기에 넣고 갈아 낸다.

(2) 혈중 콜레스테롤 낮추고, 지방 축적을 억제하는 '녹차의 카테킨'

녹차의 카테킨 성분도 체지방을 분해하고 지방이 축적되는 것을 억제하는 효과가 있다. 녹차의 폴리페놀(polyphenol)은 부종을 막아 다이어트를 훨씬 수월하게 돕는다. 카테킨은 뜨거운 물에서 잘 우러나오는 성질이 있어서 10도로 끓인 물에 잎 차를 3분 정도 우려내 마시고,

녹차 티백은 70~80도의 물에 녹차를 30초 이상 우려내 마신다.

(3) 비만을 억제해 체중 감소 효과가 있는 '마테차의 클로로겐산'

마테차의 클로로겐산(chlorogenic acid)은 지방이 흡수되는 것을 방해하고 체지방을 분해하며, 포만감을 주어 다이어트를 돕는다. 수면장애는 비만을 자극하는 요인으로 지목되고 있는데, 마테차는 숙면을 도와 수면장애를 극복하고 수면 리듬을 유지하는 효과를 준다. 마테차에 풍부한 식이섬유는 변비 해소에도 좋고, 인삼에 풍부한 사포닌을 함유하고 있어 면역력을 높이는 데도 도움이 된다.

4. 지방을 태우는 식품 열두 가지

무조건 지방을 태워야 한다는 말은 틀렸다. 우리 몸에 수분이 필요하듯 지방 역시 필수 구성 성분이기 때문이다. 대신 몸의 질병을 유발하는 이른바 '내장지방'은 태울 필요가 있다. 식단 관리와 운동으로 살을 뺄 수는 있어도 내 몸 곳곳에 쌓여 있는 무시무시한 내장지방을 연소하기까지는 부단한 노력이 필요하다. 바로 여기, 당신의 지방을 활활 태워줄 고마운 식품 열두 가지가 있다.

Q 왜 지방을 태워야만 할까?

비만은 체내에 지방이 과잉 축적된 상태를 의미한다. 주로 문제가 되는 것은 '뱃살 지방'이라고 할 수 있는 '내장지방'이다. 인류 진화 과정에서 음식이 부족할 때를 대비하여 에너지를 저장할 수 있는 유전자를 발전시켜왔다. 하지만 과거와는 다르게 고칼로리, 고지방 식품이 늘어나면서 에너지 소모 활동은 오히려 줄어들고 비만 환자가 급속도로 늘어나고 있다. 내장 지방이 과도하게 쌓이면 각종 질병의 원인이 된다. 당뇨병, 고혈압, 지방간, 담낭질환, 관상 동맥 질환, 수면무호흡증, 통풍, 골관절염, 월경 이상, 대장암, 유방암 등이 대표적인 질병이다.

Q 지방 연소에 음식이 도움이 되는 근거는?

우리 몸의 지방은 백색 지방과 갈색 지방 두 종류로 나뉜다. 백색 지방은 사람이 섭취한 열량 중 인체에 꼭 필요한 것을 제외한 나머지 에너지원을 저장하는 창고로 쓰여 계속 쌓이면 지방의 세포 수와 크기가 늘어나며 비만이 된다. 반대로 갈색 지방은 이러한 백색 지방을 태워 열을 발생시키는 역할을 하는 좋은 지방으로 몸의 체온을 유지하여 열을 발산하기도 한다.

건강을 위해서는 백색 지방을 줄이고 갈색 지방을 늘리는 것이 중요하다. 신진대사가 활발할수록 섭취한 영양분이 몸 구석으로 이동해 새로운 세포를 생성하고, 몸에 꼭 필요한 화학 물질을 만든다. 식품 속에 들어 있는 카테킨, L-카르니틴, 오메가3, 캡사이신 등은 우리 몸의 신진대사를 활발하게 하거나 갈색 지방을 활성화하는 데 도움을 주는 성분으로 지방 연소에 도움이 된다. 식품으로 지방 연소에 도움을 줄 수는 있지만, 식품 선택만으로는 체지방을 줄일 정도의 효과를 보기는 어려우므로 반드시 적절한 식사 관리 및 운동 관리가 필요하다.

(1) 생선

불포화 지방산의 일종인 오메가3이 많다. 수면 호르몬인 멜라토 닌의 생성에 관여하는 성분이다. 밤이 되면 사람의 뇌에서는 멜라토닌 이 분비된다. 멜라토닌은 수면과 기상 사이클을 조절해 불면증을 예방 한다. 오메가3이 부족하면 잠을 못 이뤄 늦은 밤까지 무수면으로 있다 가 야식으로 이어질 수 있다. 기본적으로 잠이 모자라면 비만의 원인 이 된다. 생선에는 단백질도 풍부하다. 호주 시드니대학교 연구팀에 따르면 살을 빼려면 전체 칼로리 중 단백질로 섭취하는 비율이 15%는 되어야 한다. 단백질을 이보다 적게 먹으면 식욕이 커져서 오히려 체중이 늘어날 위험이 있다.

참치와 연어는 단백질이 풍부하고 오메가3이 다량 함유되어 있어 지방 연소에 좋다. 특히 연어는 신진대사 및 인슐린 저항성을 개선하 는 오메가3 지방산을 많이 포함한다. 오메가3는 호르몬을 조절해 식 욕을 억제하는 효과가 있어 체중 감소에 도움이 된다. 연어는 주로 살코기만 발라내 구워서 스테이크로 먹거나 샐러드에 곁들여 먹으면 맛도 좋고 몸에도 좋다.

(2) 콩

단백질이 풍부할 뿐만 아니라 비타민B, 철, 인 등의 좋은 영양소를 갖췄다. 철분이 부족한 경우 인체가 효율적인 기능을 할 수 없게 돼 신진대사가 느려져 칼로리를 소모하는 속도가 떨어지므로 적절한 철분 섭취는 필수다. 콩은 인체에 지방과 수분이 쌓이는 것을 막고 변비예방 효과가 있다. 특히 검은콩에 함유된 단백질은 지방산과 안토시아닌 성분이 있어 콜레스테롤 생성을 억제한다. 검은콩의 펩타이드 성분은 체중 감소에 도움이 되니 콩밥이나 검은콩 두유 등 검은콩을 활용한 음식 섭취를 추천한다.

콩 단백질이 폐경 여성의 뱃살을 억제하는 데 효과적이라는 연구 결과가 있다. 미국 노스앨라배마대학교 연구팀이 50대 여성을 대상으로 콩 단백질이 체지방에 미치는 영향을 조사한 결과 콩으로 만든 음료를 먹은 사람들은 복부지방이 덜 늘어난 것으로 나타났다. 연구팀은 콩에 풍부한 아이소플라본 성분이 복부지방 축적을 억제했을 것으로 추정했다.

(3) 녹차

특유의 떫은맛을 내는 카테킨 성분은 체내 지방 축적을 억제하는 효과가 있다. 체내에서 발생하는 열을 연소시키는 작용을 하는 갈색 지방 조직을 활성화해 지방 분해를 촉진한다. 또한 신진대사를 원활하게 하여 식욕을 저하하고, 혈액 순환이 원활하지 않은 비만 해소에 효과적이다.

(4) 고추

매운맛을 내는 캡사이신은 몸의 발열 효과를 일으켜 칼로리를 소모한다. 지방 세포에는 지방을 축적하는 백색 지방 세포와 지방을 태워 열을 발생시키는 갈색 지방 세포가 있다. 캡사이신은 갈색 지방 세포에 작용해 지방을 분해하는 데 더 효과적이다. 그러나 체중 감소를 위해 매운 음식을 먹어서 지방을 연소시키는 열량은 전체 섭취 열량의 10%에 불과하니 의존하지 않는 것이 좋다. 살은 운동으로 빼고 고추는 요리할 때 양념으로 첨가하거나 음식에 곁들여 먹는 등의 보조 수단으로 적당하게 섭취하는 것이 좋다.

(5) 적포도주

영국 일간지 「텔레그래프」는 미국의 세 대학교가 공동으로 연구를 진행한 결과 와인이나 적포도주가 지방 연소를 촉진하고, 대사 장애 환자들의 비만 완화에도 도움을 줄 수 있는 것으로 밝혀졌다고 전했다. 포도뿐 아니라 과일과 채소에서 발견되는 엘라그산은 항산화 기능을 가진 성분으로도 잘 알려져 있는데, 이는 지방 세포의 성장을 눈에 띄게 줄이고 새로운 지방 세포의 생성 비율도 감소시키는 역할을 한다. 와인은 보통 식사할 때 음식에 곁들여 마시는데 같은 양의 음식을 먹어도 레드와인을 함께 먹는 사람과 아닌 사람과의 지방 세포 결과는 실제로 차이가 나는 것으로 판명됐다. 음식에 곁들이는 하루 1~2잔 정도의 와인은 몸에 좋으니 안심하고 마셔도 좋다.

(6) 유제품

유제품은 지방이 많아 칼로리가 높은 음식으로 알려져 있으나 저지방 유제품을 섭취하면, 유제품에 풍부하게 함유된 칼슘으로 지방 연소에 도움이 된다. 지방 세포 속의 칼슘양이 많을수록 지방 연소도 더 촉진되기 때문이다. 저지방 유제품을 매일 규칙적으로 섭취하면 신진대사가 개선되어 섭취하지 않은 사람에 비하여 체중 감소에 더욱 좋다. 저지방 유제품이라 하면 저지방 우유를 찾는 이들이 많지만, 치즈나 플레인 요구르트 등 유제품을 맛있게 즐길 방법은 많다.

설탕, 과일 등 다른 것을 전혀 넣지 않은 플레인 요구르트나 그리스 요구르트는 건강에 좋을 뿐만 아니라, 뱃살을 제거하는 데에도 좋다. 이런 요구르트에 들어 있는 유산균과 같은 프로바이오틱스(건강에 유익한 살아 있는 균)는 소화기 계통을 건강하게 유지한다. 이렇게 되면 배에 가스가 차고 더부룩한 증상이 줄어들며 변비를 없애기 때문에 배를 납작하게 유지한다.

(7) 육류

다이어트를 한다고 해서 무조건 육류 섭취를 피할 필요는 없다. 살코기는 오히려 풍부한 양질의 단백질 공급원으로, 필수 아미노산의 급원이 되며 근육량을 보존하거나 높이는 데 도움이 되기 때문이다. 또 살코기는 지방을 태우는 L-카르니틴 성분이 많아 식사 후 소화될 때 열이 발생한다. 이때 소화되면서 칼로리의 30%를 태우게 된다. 대표적인 살코기로는 닭가슴살, 쇠고기의 우둔살 등이 있다.

(8) 통곡류

정제하지 않고 곡물의 겉껍질만을 벗긴 통곡물은 특히 뱃살을 빼는 데 효과적이라는 연구 결과가 있다. 식이섬유가 많은 통곡물은 지방 연소를 촉진하는 식품이다. 현미, 귀리, 옥수수, 밀, 기장, 퀴노아 등을 말한다. 홀그레인을 섭취했을 때 2배의 칼로리 소모 효과가 있으며, 혈중 콜레스테롤도 낮춘다. 흰쌀을 비롯해 도정 과정을 거친 정제 곡물들은 부드러운 장점이 있으나, 곡물의 풍부한 영양분인 씨눈과 속껍질이 제거되어 도정을 거치기 전 영양분의 5% 정도만 남게 된다. 통곡물에는 도정한 곡물에 비하여 식이섬유소와 비타민, 무기질이 풍부하므로 이러한 영양소가 부족해서 생기기 쉬운 질병을 예방한다. 통곡물에 풍부한 섬유소는 노폐물을 원활하게 배출시키고, 소화되는 데 시간이 오래 걸려 섭취 후 체내 혈당을 완만하게 올리기도 하고 서서히 낮추는 효과도 있다. 통곡물은 주로 섞어서 밥을 짓거나 죽을 만들어 먹고 곱게 갈아 곡물가루를 우유나 물에 타 마시는 등 여러 방법으로 활용할 수 있다. 통밀빵이나 현미 등 통곡물은 인슐린 수치를 낮춰 복부에 지방을 제거하는 데 도움을 준다.

(9) 십자화과 채소

브로콜리, 콜리플라워, 양배추 등 십자화과 채소에는 비타민A, C, K를 비롯해 엽산, 베타카로틴, 칼슘, 마그네슘, 섬유질 등이 풍부해 복부의 내장 지방을 빼는 데 도움을 준다.

(10) 식초

식초의 신맛과 강한 향을 내는 성분이 지방을 퇴치하는 효능이 있다는 연구 결과가 있다. 과체중인 사람들을 대상으로 한 실험에서 12주 동안 매일 1~2스푼의 사과식초를 먹은 사람들은 그렇지 않은 사람들에 비해 체질량 지수, 내장 지방, 허리둘레가 눈에 띄게 감소한 것으로 나타났다. 식초의 아세트산이 지방을 분해하는 단백질을 대량으로 방출하는 유전자를 작동시킨다.

(11) 견과류

아몬드, 호두, 땅콩 등 견과류에는 식이섬유와 좋은 지방, 마그네슘이 많이 들어있다. 포만감을 주는 견과류를 1주일에 2회 이상 먹는 사람들은 그렇지 않은 사람들에 비해 살이 찔 가능성이 작은 것으로 나타났다. 생 견과류가 입에 맞지 않으면 아몬드 버터를 먹으면 된다. 아몬드 버터는 땅콩버터보다 마그네슘이 많이 들어있다. 마그네슘은 신진대사를 건강하게 유지하는 데 도움이 된다. 통곡물에 아몬드 버터를 발라 먹으면 아주 좋은 건강식이 된다.

(12) 체리

체리는 열량이 낮고 지방과 나트륨이 거의 없어 다이어트 식품으로 손색이 없다. 산후 다이어트나 골다공증이 걱정인 여성에게 도움이 될 수 있다. 체리는 멜라토닌 성분을 함유하고 있어 수면을 유도해 불면증 예방에도 좋다. 또한 체중 감소를 촉진할 수 있는 강력한 항산

화 기능이 있다. 체리가 진한 붉은 빛을 내는 것은 항산화 물질인 안토
시아닌과 퀘세틴 성분이 풍부하기 때문이다.

우리 몸의 세포 노화를 늦춰주고 노폐물의 증가를 억제해 피부
건강과 노화 방지에 효과적이다.

5. 목이버섯 특징, 체중 감량 도와주는 식품 열 가지

목이버섯의 특징

목이버섯은 버섯 중에 식물성 식이섬유소가 가장 많아 비만 방지
에 효과적이다. 칼로리가 매우 낮고 섬유소와 수분이 풍부해서 포만감
을 주어 다이어트에 적합한 가운데 체중 감량에 도움 주는 음식으로
눈길을 끈다. 여성 전문 매체「우머니틀리」(Womanitely)는 더 많은
칼로리를 소모하도록 돕는 음식들을 소개했다.

(1) 자몽

자몽은 신진대사율을 높여 더 많은 칼로리를 소모하도록 유도한
다. 자몽에 풍부한 식이섬유는 적은 칼로리로도 오랫동안 포만감을
느끼도록 해주며, 혈당을 안정시켜준다.

(2) 셀러리

셀러리는 섭취할 때 얻는 칼로리보다 이를 소화하는 데 소모하는
칼로리가 더 크기 때문에 다이어트에 좋다. 그러나 셀러리에는 필수

미네랄과 영양소가 풍부하지 못하기 때문에 다른 음식들과 함께 섭취
해야 한다.

(3) 통밀

통밀을 소화하는 데는 많은 시간이 필요하므로 오랫동안 포만감
을 느낄 수 있다. 더욱이 통밀은 다양한 비타민과 미네랄, 탄수화물을
풍부하게 함유한 데 비해 지방은 적어 훌륭한 영양 공급원이 된다.
또 통밀은 만성 질환의 위험을 줄여준다.

(4) 녹차

녹차에는 항산화 물질이 풍부하게 들어있어서 신진대사율을 높여
다이어트를 돕는다. 녹차를 마시면 심신 안정의 효과를 덤으로 얻을
수 있다.

(5) 오메가3

오메가3는 신진대사율을 높이기 때문에 다이어트에 좋다. 또 지방
연소를 촉진하는 호르몬인 렙틴의 분비에 영향을 준다. 이는 사람의
몸에서 생성되지 않으므로 생선이나 보조 영양제를 통해 섭취해야
한다.

(6) 커피

커피의 카페인 성분은 심장 박동수를 증가시키고 혈중 산소 농도

를 상승시킨다. 이는 신진대사를 활성화해 칼로리 소비를 촉진한다. 그러나 커피에 크림이나 설탕을 타 먹는 것은 다이어트 효과를 떨어뜨린다.

(7) 아보카도

아보카도는 단일 불포화 지방을 함유하고 있는데, 이는 신진대사율을 높이는 역할을 한다. 아보카도는 이외에도 콜레스테롤 수치를 낮추고 상처 치료 속도를 높이며, 심장병과 뇌졸중의 위험을 줄인다.

(8) 매운 음식

매운 음식은 칼로리를 빠르게 연소시키도록 돕는다. 더불어 고춧가루나 매운 소스는 그 자체의 칼로리가 별로 높지 않기 때문에 다이어트에 도움이 된다.

(9) 치아시드

치아시드는 단백질, 식이섬유, 오메가3를 풍부하게 갖고 있어 신진대사를 촉진하고 식욕을 억제하며, 지방 분해 호르몬인 글루카곤 분비를 촉진한다. 치아시드를 15분간 물에 불리면 10배 크기로 부풀어 오르는데 이 같은 원리로 과식을 막아준다. 스무디나 샐러드, 요구르트, 오트밀 등에 섞어 먹으면 좋다.

(10) 브라질너트

브라질너트는 신진대사를 활발하게 하므로 다이어트에 좋다. 또 피하 지방의 형성을 막으며 면역력을 증진한다.

마치면서: 병 안 걸리고 장수하는 법이 있다

현대인은 건강에 관한 관심이 유별나다. 그래서 건강하게 사는 법을 나름대로 많이 알고 있다. 그런데도 질병으로 고생하는 사람들로 넘쳐난다. 왜 그럴까? 알고 있는 건강법에 관해서 믿음과 확신이 부족한 것 같다. 실천해야 할 건강법이 너무나 많고 다양한 것이 문제다. 그래서 어느 하나에도 집중할 수가 없다. 그래서 결국 실천하지 못한다. 우리는 내 몸의 건강을 지켜주는 가장 중요한 기관들을 선택하고 그곳의 건강을 지키는 일에 집중해서 실천하는 일이 중요하다. 그것이 무엇일까? 위와 장이다. 건강한 위와 장을 유지하는 것이 우리 몸의 건강을 지키는 비결인 셈이다. 위와 장의 건강에 가장 큰 영향을 미치는 것이 무엇일까? 그것은 식생활과 생활 습관이다.

신야 히로미 교수(미국 알베르트 아인슈타인 의과대학)는 식생활을 잘하고 생활 습관이 좋으면 몸의 원 효소인 '미라클 엔자임'(miracle enzyme)을 충분히 공급받을 수 있고, 그의 소모를 줄일 수 있다고 말한다. 그것이 병 안 걸리고 장수할 수 있는 비결이라고 한다. '미라클 엔자임'이란 인간의 생명 활동을 책임지고 있는 5천여 종 이상의 '체내 효소'를 만들어내는 원재료인 셈이다. 이 효소는 생물의 세포 내에서 만들어지는 단백질성 촉매를 총칭하는 것으로 식물이든 동물이든 생명이 있는 곳에는 반드시 존재한다. 우리 인간의 생명 활동도 수많은 효소 활동으로 이루어지고 있다고 한다. 소화 흡수는 물론 세포가 새로운 것으로 교체되는 신진대사, 체내에 들어온 독소를 분해해 해독하는 것도 효소의 작용이란다. 따라서 효소의 양과 활성도가 건강 상태에 절대적 영향을 미친다.

미국의 효소 연구 제1인자인 에드워드 하웰 박사는 생물이 평생 만들 수 있는 효소의 총량은 정해져 있다고 한다. 그는 이 일정량의 효소를 '잠재 효소'라고 하는데, 이 효소를 모두 사용했을 때가 바로 그 생명체의 수명이 다하는 때인 셈이다. 체내에 효소량이 풍부하면 생명 에너지와 면역력이 높아진다. 이 효소는 체내에서 만들어지는 것과 외부로부터 음식물의 형태로 섭취되는 두 종류가 있다. 체내에서 만들어지는 것 중 장내 세포가 만들어내는 것이 무려 3,000여 종이나 된다고 한다. 인간이 어떻게 하면 건강하게 장수할 수 있을까?'하는 문제가 '미라클 엔자임'(원형 효소)의 양을 충분히 계속 유지할 수 있느냐에 달린 셈이다. 그래서 필요한 양의 원형 효소를 보충하는 식사를 해야 하며 낭비하지 않는 생활 습관이 중요하다.

원형 효소는 인체의 복잡한 관계를 책임지고, 건강하게 살아가는 데 필요한 항상성을 유지하는 역할을 한다. 그러나 현대 사회는 이 중요한 원형 효소를 소비하는 요인들로 가득 차 있다. 술이나 담배 같은 기호 식품, 식품 첨가물, 농약, 약물이나 의약품, 특히 항암제, 자외선이나 X선, 스트레스, 환경 오염, 전자파로 발생하는 프리 래디컬(free radical)의 해독 등 원형 효소를 소모하는 원인은 셀 수 없이 많다. 특히 잘못된 식생활과 생활 습관이 문제다.

　이러한 현대 사회에서 평생 건강을 유지하기 위해서는 우리 몸의 구조를 잘 이해하고, 내 건강은 내가 지킨다는 의지를 다지고 생활하는 것이 중요하다. 이것은 그리 어려운 일이 아니다. 무엇이 원형 효소를 소모하는 일인지, 어떻게 하면 충분한 양을 보충할 수 있는지를 확실히 이해하고 실천하는 노력을 하면 병에 걸리지 않고 장수할 수 있다.

1. 무엇을 먹는가가 당신의 몸을 만들고, 건강을 결정한다

　서양 속담에 "당신이 무엇을 먹고 있는가에 따라 당신이 결정된다"(You are what you eat)라는 말이 있다. 무엇을 먹는가가 당신의 건강을 결정한다는 말이다. 우리의 몸은 매일 먹는 식사를 통해 성장하고, 활동하며, 건강을 유지한다. 건강도 질병도 평소 식생활의 결과인 셈이다. 현대 의학의 대부인 히포크라테스는 "음식으로 고칠 수 없는 병은 약으로도 고칠 수 없다"고 했다. 음식이 최상의 약인 셈이다.

2. 무조건 효소가 많이 함유된 음식을 먹자

현대 영양학에 따르면 하루에 필요한 열량은 성인 남성 2,000칼로리, 성인 여성 1,600칼로리이며, 이것을 영양적 특징에 따라 나눈 네 가지 식품군으로 균형 있게 섭취할 것을 권한다. 제1군은 단백질 군으로 유제품과 달걀, 양질 단백질, 지질, 칼슘, 비타민A, B2를 함유한 식품으로, 영양을 더욱 완벽하게 하는 식품이다. 제2군은 칼슘 군으로 육류와 생선, 두부와 이들을 원료로 한 식품으로 양질 단백질, 지질, 비타민B1, 비타민B2, 칼슘 등을 함유한 식품으로, 근육과 혈액을 만드는 식품이다. 제3군은 미네랄 및 비타민군으로 채소와 과일로 비타민류와 미네랄, 섬유질 등을 함유한 몸의 기능을 조절하는 식품이다. 제4군은 탄수화물 군으로 곡물, 설탕, 유지방 등으로 당질, 지질, 단백질 등을 함유한 체온이나 에너지의 원천이 되는 식품이다.

여기 어디에도 효소라는 말은 없다. 식품에 함유된 효소의 양을 아는 것은 간단한 일이 아니기 때문이다. 체내 효소의 양은 개인차가 심하듯이 식품이 가지는 효소에도 개체차가 크기 때문이다. 예를 들면 사과 하나에도 그것이 자란 환경, 수확 후 경과 된 시간, 산화도 등에 따라 효소의 함유량은 차이가 크다. 신야 히로미 교수가 쓴 '신야 식사법'은 기본적으로 효소를 많이 함유한 식품을 좋은 식품, 효소량이 적거나 소실된 식품을 나쁜 식품으로 규정하고 있다.

가장 좋은 식품은 미네랄이 풍부하고 비옥한 토지에서 화학 비료나 제초제, 농약을 사용하지 않고 자연이 키워낸 것을 수확 후 바로 먹는 신선도가 높은 음식이다. 제아무리 영양이 풍부한 좋은 종류의 음식이라 할지라도 토양이 오염되어 있고, 농약, 제초제, 화학 비료, 성장 호르몬 등을 사용해서 재배한 음식에는 효소량이 크게 떨어진다. 오히려 오염된 물질을 해독하려면 많은 양의 효소를 소모해야 한다. 소비자는 최소한 내가 먹는 음식이 누가, 어디서, 언제, 어떻게, 생산한 음식인지는 꼭 알고 먹어야 한다.

채소나 과일, 육류, 생선 할 것 없이 신선할수록 효소량이 많다. 우리가 신선한 음식을 먹었을 때, '맛있다'고 느껴지는 것은 효소가 가득 들어있기 때문이다. 결국 식재료를 선택하는 법, 관리법, 조리법, 먹는 법 모두가 효소량과 밀접하게 연관되어 있다는 것을 잊어서는 안 된다.

우리의 체내효소량을 소진해 건강을 해치는 나쁜 식품은 피해야 한다. 산화된 식품을 먹으면 우리 몸도 산화된다. 마가린, 쇼트닝과 같은 트랜스지방산, 과도한 염분, 설탕, 포화 지방도 피해야 한다. 사람보다 체온이 높은 동물의 고기는 피를 탁하게 만든다. 그러기에 우리 몸에 필요한 영양소를 식물성 85%, 동물성 15%로 섭취하는 것이 이상적이나, 동물성 식품은 많은 부분을 신선한 생선에서 취하는 것이 바람직하다.

3. 효소의 낭비를 막는 생활 습관

많은 병은 유전보다 습관에 원인이 있다. 자식이 부모와 같은 병에 걸리기 쉬운 것은 유전적 요인이라기보다는 질병의 원인인 생활 습관을 이어받은 결과가 대부분이다. 일본에서는 일찍이 1996년에 성인병이라고 부르는 암, 심장병, 간장병, 당뇨, 뇌혈관 질환, 고혈압, 고지혈증 등을 '생활 습관병'으로 명칭을 바꾼 바 있다. 생활 습관만 바꿔도 이런 질병에서 자유 할 수 있다는 말이다. 우리는 몸을 건강하게도 하고, 병들게도 하는 결정적인 역할을 하는 체내 효소를 풍족하게 하고 낭비를 줄이는 생활 습관을 지님으로써 병에 걸리지 않고 장수할 수 있다.

농작물의 병과 해충, 잡초를 제거하기 위해 토양에 뿌리는 농약, 제초제는 농작물의 에너지원인 토양 생물들의 생명을 앗아간다. 농작물의 성장을 위해 사용하는 화학 비료와 수확량 증대를 위해서 사용하는 성장 호르몬, 유전자 변형된 식품에는 생명 에너지가 없을 뿐만 아니라 오히려 건강을 해친다. 그 외에도 우리들의 건강을 위협하는 요인들은 많다. 농약이나 하천 오염, 생활 폐수로 인한 농업용수의 오염이 심각하다.

현대인들은 비닐하우스에서 재배한 농작물을 먹고 산다. 자연 상태에서 자란 식물은 강한 자외선에서 자기의 몸을 지키기 위해 체내에 항산화 물질을 대량으로 만들어내는 구조를 갖추고 있다. 이것이 식물에 많이 함유된 비타민류나 플라보노이드, 아이소플라본, 카테킨 등의 폴리페놀이다. 이러한 항산화 물질은 식물이 자외선을 받을 때 만들어진다. 결과적으로 일정량의 자외선이 차단된 하우스에서 재배된 농작물은 비타민이나 폴리페놀 등 항산화 물질의 함량의 감소를 피할 수 없다.

오늘의 농업은 영양가보다 보기 좋은 상품을 만드는 것이 우선시 되고 있다. 자연 속에서 자란 채소는 모양이 제각각이거나 벌레 먹은 구멍이 있는 등 볼품없는 것이 많다. 그러나 이들에게 넘치는 에너지 가 있다. 거듭해서 말하지만 우리는 내 몸의 건강에 지대한 영향을 주는 식품들이 누가, 어디서, 언제, 어떻게 생산한 것 인지쯤은 최소한 인지하고 먹는 것이 지극한 상식이 아닐까 싶다.

우리는 식품을 통해서 에너지를 얻기 때문에, 그 식품 자체에 에너 지가 없으면 아무리 먹어봤자 건강해지지 않는다. 자연환경에서 자란 먹을거리를 먹지 않는 사람이 자연 속에서 강하고 건강하게 살아가기 는 어렵지 않겠는가? 생명을 자라게 하는 것은 생명뿐이다. 생명 에너 지를 가진 농작물은 생명 에너지가 있는 땅에서만 자란다. 토양 세균 이 건강해야 채소나 과일 곡물 등이 모두 건강하게 자란다. 그리고 좋은 먹을거리가 우리 몸에 들어왔을 때 장내 세균까지도 건강해진다.

이 책을 준비하고 정리하면서 나는 마음을 평안하게 하고, 몸에 좋은 먹을거리를 섭취하고, 적당히 운동하면 병에 걸리지 않고 장수할 수 있다는 결론에 도달하게 되었다. 원래 사람의 몸은 병에 걸리지 않도록 몇 단계의 방어 시스템과 면역 시스템으로 보호되어 있다. 발이나 손만 자극해도, 귀만 만져줘도, 손뼉만 잘 쳐줘도 자율 신경을 자극해서 온몸의 신경계와 오장육부의 기능을 활성화할 수 있다. 몸의 온도를 1도만 높여도 면역력이 30%나 증가한다. 혀 상태만 관찰해도, 배만 두들겨보고, 걷는 모습만 관찰해도, 그 사람의 건강 상태를 쉽게 알아낼 수 있다. 병은 피할 수 없는 운명이 아니라 평소 쌓아온 습관의 결과라는 것을 잊지 말자. 건강하게 장수하는 비결은 올바른 식생활과 올바른 생활 습관을 즐기며 지속해서 실천하는 데 있다는 것을 잊지 말자.

끝으로 병에 걸리지 않고 장수하려면 사랑하라. 행복하게 살 것을 권하고 싶다. 병에 걸린 사람이 어떤 목표를 찾았을 때, 병이 기적적으로 회복되는 일이 실제로 있다. 사람은 무한한 가능성을 가진 존재다. 그 가능성이 열렸을 때 몸속의 효소가 활성화되고, 그 에너지가 죽음의 문턱에 이른 사람을 회복시키기도 한다. 우리가 병을 극복할 수 있는 가장 강한 동기가 있다면, 그것이 무엇일까? 그것은 역시 사랑이다. 하나님 사랑, 남녀 사랑, 부모와 자식 간 사랑, 우정 등 사랑에도 여러 종류가 있지만, 동기 부여나 만족, 행복 등은 모두 누군가를 사랑함으로써 샘솟는 것들이다. 내가 인정받고 사랑받고 있다는 것을 감지하고 느끼는 순간 우리 몸의 세포들은 춤을 추며 노래를 부른다. 우리가 건강하게 살아가기 위해서는 사랑하는 마음이 절대적으로 필요하다. 행복한 인생은 사랑으로 가득 차 있다. 진정한 행복을 느낄 때, 효소 기능이 활성화하고, 면역 기능이 강화된다는 사실은 혈액 검사로도 검증된 사실이다.

사람의 몸은 면역계든, 호르몬계든, 신경계든 간에 어느 한 부분만이 단독으로 움직이는 일은 없다. 이들이 서로 영향을 주고받으며 하나의 사이클로 돌아가기 시작하면, 몸 전체가 단숨에 좋은 쪽으로 변화해가는 것이다. 행복 사이클이 돌아가면, 장내 세균도 좋은 환경에서 활성화되어 원형 효소를 대량으로 만들어내기 시작하고, 여기에 자극받아 온몸의 세포가 활성화한다. 이것이 우리가 서로 사랑하고, 행복하게 살아야 하는 이유다.

우리가 항상 건강하게 살려면 생체 리듬을 지켜가며, 평상심을 유지하는 일이 무엇보다 중요하다. 그러려면 경직된 마음을 풀고 유연해져야 한다. 자기 의를 극복해야 한다. 사람들은 나는 옳은데 네가 그르다는 듯이 공격적으로 상대방을 대하고, 행동하려 든다. 그래서 부딪히게 되고, 화를 내고, 혈압이 높아진다. 이런 생활을 반복하다 보면 평상심을 잃게 되고, 병들게 된다. 이것을 극복하기 위해서 우리는 자기 성찰과 반성, 자기 혁신을 통해서 부단히 성숙을 위해 힘써야 한다.

부록

우리 가정의 하루 식단

끝으로 독자들에게 선물 하나를 드리는 것으로 이 글을 마치려 한다. 필자의 아내는 심혈관 질환 가족력을 지니고 태어났다. 육류를 즐기던 식습관으로 인한 비만으로 심장병과 고혈압, 고지혈증이 심해서 약을 먹고 병원에서 치료받았다. 10년 전 귀농 시에는 아내의 심혈관 나이가 84세였다. 그런데 10년을 더 살고도 현재는 심혈관 나이가 64세다. 필자는 61세를 유지하고 있다. 그 비결이 어디에 있을까? 첫째가 귀농하면서 바뀐 식생활에 있다고 생각한다. 줄곧 10년을 아침과 점심은 내가, 저녁은 아내가 준비하고 있다.

여기에 10년을 이어온 필자 가정의 하루 식단을 소개하려 한다. 특히 아침 식사가 주인 셈이다.

아침 식사

'면역력 강화와 노화 방지를 위한 BEST20'란 주제를 설정하고, 이에 맞게 준비하고 있다.

1. 식자재

뿌리·열매채소 ― 토마토, 당근, 비트, 우엉, 연근, 더덕, 마, 검은콩(서
리태와 쥐눈이콩)

잎채소와 해초 ― 다시마, 시금치, 양배추, 미나리, 브로콜리, 케일

기타 ― 감잎, 뽕잎, 질경이, 흰 민들레, 냉이, 엉겅퀴

견과류 ― 땅콩, 호두, 아몬드, 잣, 캐슈너트

과일 ― 사과, 배, 감, 감귤류. 복숭아, 자두, 살구

※ 계절에 따라 이상 식사재 중 25종 내외를 선택했음

2. 조리법과 식사

1) 뿌리채소와 콩과 토마토를 두세 컵 끓는 물(2~3인 식사 기준)에 넣고,
   5분 삶다가 잎채소를 넣어 4~5분 더 삶는다.
2) 내용물 모두를 40도 이하로 식힌 후 믹서기에 넣고, 볶은 참깨 한
   수저를 첨가하고(2~3인 기준), 적당량의 효소를 넣어 3분 갈고, 3~4
   분 쉬었다가 3분을 더 간다. 내용물은 걸쭉한 스무디가 되는데 약간
   큰 머그잔으로 한 잔씩 마시면(먹으면) 된다.
   첨가물 효소: 소화와 영양에 좋고, 맛을 내는데 일품이다. 필자는 매
   실, 오디, 꾸지뽕, 생강, 무, 배, 늙은 호박 등의 효소를 주로 사용한다.

3) 식사: 머그잔 내용물을 조금씩 마시면서 견과류를 곁들이면 씹을
때 침이 나와 소화도 잘되고 식사 시간도 길어져 일반 식사 때와 같이
대화도 하며 즐길 수 있다.

4) 식사가 끝난 후에는 디저트로 제철 과일을 나누며, 가지 차나 쑥
차, 더덕 차 등 토종 차를 즐긴다.

점심 식사

탄수화물과 칼슘 중심의 제철 식자재로 준비한다.

식자재

고구마(감자, 옥수수), 유기농 유정란, 영양 떡, 멸치볶음, 냉국
(가지, 오이, 오디, 효소 등을 넣어 만듦), 김치 등

저녁 식사

단백질 중심의 식사를 아내가 준비한다. 단백질 원인 식자재의
특징은 일주일의 5번은 생선을, 두 번은 육류를 먹는 데 있다.

참고문헌

강북 삼성병원 당뇨 전문센터. 『당뇨병 희망프로젝트』. ㈜동아일보사, 2010.

김달래. 『의사도 못 고치는 만성 질환 식품으로 다스리기』. ㈜리스컴, 2014.

데이브 아스프리/정세영 옮김. 『최강의 식사』. 앵글북스, 2017.

데이비드A. 싱클레어·매슈 D. 러플랜드/이한음 옮김. 『노화의 종말』. 도서출판 부키, 2020.

드아드르 라누에/유해룡 옮김. 『헨리 나우웬과 영성』. 예영커뮤니케이션, 2003.

미이 도시코·고타카 슈지/윤혜림 옮김. 『항암치료 보양식품』. 도서출판 전나무 숲, 2012.

미치오 카쿠/박병철 옮김. 『마음의 미래』. 김영사, 2015.

박명호. 『건강과 기공』. 명지출판사, 1996.

서재걸. 『해독 주스』 ㈜맥스교육, 2014.

_____. 『사람 몸에는 100명의 의사가 있다』. 문학사상, 2014.

선재. 『당신은 무엇을 먹고 사십니까?』. 불광 출판사, 2017.

소공자. 『맨당요법』. 코스모스북, 2015.

송광일. 『기적의 자연재배』. 청림출판, 2015.

신야 히로미/이근아 옮김. 『병 안 걸리고 사는 법』 1권. 도서출판 이아소, 2010.

_____. 『병 안 걸리고 사는 법』 2권. 도서출판 이아소, 2013.

신재용. 『신재용의 체질 동의보감』. 학원사, 2009.

아보 도우루·유니키 유타카/이진원 옮김. 『내 몸을 살리는 면역의 힘』. 부광출판 사, 2011.

아이리스 요한슨/나채성 옮김. 『운명보다 깊은 사랑』. 도서출판 큰나무, 2001.

윤혜신. 『착한 밥상 이야기』. 동녘라이프, 2009.

이계호. 『태초 먹거리』. 그리심어소시에이츠, 2014.

이나카기 히데히로/손민진 옮김. 『보약보다 좋은 채소』. 휴먼테라피, 2010.

이승헌. 『나는 120세까지 살기로 했다』. 한문화멀티미디어, 2018.

이완주. 『흙. 아는 만큼 베푼다』. 도서출판 들녘, 2012.

주부의 벗 엮음. 『먹으면 약이 되는 음식 450』. 넥서스, 2014.

한강. 『채식주의자』. 창비, 2016.

한국공해문제연구소 엮음. 『내 땅이 죽어간다』. 도서출판 일월서각, 1983.

홍영재. 『오색섭생』. MID 출판사, 2013.

후지타 고이치로/황미숙 옮김. 『50세부터는 탄수화물 끊어라』. 대원씨아이,
　　　2014.

KBS 생로병사의 비밀 제작팀/홍혜걸 엮음. 『생로병사의 비밀 1, 2권』. 도서출판
　　　가치창조, 2014.